DIE NEUEN MUSEEN

Frank Maier-Solgk

DUMONT

INHALT

EINLEITUNG

ARCHITEKTURKUNST

NEUE MUSEUMSBAUTEN

Kaum eine kulturelle Institution erfährt derzeit eine ähnliche Hochkonjunktur wie das Kunstmuseum. Einer hierzulande großen Welle von Neubauten in den achtziger Jahren folgte in den neunzigern ein noch einmal gesteigerter, bis zum heutigen Tag anhaltender Boom, aller Sparzwänge der öffentlichen Haushalte zum Trotz. Museumsbauten sind zu kommunalpolitischen Renommier-Projekten avanciert, zu gewichtigen Standortfaktoren, deren Image prägende Funktion mit ihrer zunehmenden Bedeutung als touristisches Ziel einhergeht. Die neuen Museen setzen städtebauliche Akzente und stehen – ähnlich den Opernhäusern früherer Zeiten – im Mittelpunkt des kulturellen Lebens.

Zu Frank O. Gehrys Guggenheim Museum in Bilbao pilgerten seit seiner Eröffnung jährlich mehr als eine Million Besucher; die ehemals desolate Industriestadt hat sich dank der neuen Einrichtung zu einer Kunstmetropole gewandelt, die auf dem Programm internationaler Ausstellungsreisen steht. Den Kunstgenuss der Fondation Beyeler in Renzo Pianos elegantem Baseler Bau, der aus Platzmangel jüngst eine Erweiterung erfuhr, gönnen sich im Jahr rund 300.000 Besucher. Daniel Libeskinds Jüdisches Museum in Berlin war bereits als leere architektonische Hülle, ohne jedes Exponat, eine Publikumsattraktion ersten Ranges, die mehr als 100.000 Besucher im Jahr bestaunten. Die expressive Architektur hat in diesem Fall die ästhetische Aufmerksamkeit zur Gänze beansprucht und offenbar auch erfüllt. Die neue Tate Modern in London, ein umgebautes Industriedenkmal, scheint schon jetzt alle Besucherrekorde zu brechen, Wien hat dem Kunstpublikum vor kurzem ein ganzes »Museumsquartier« errichtet, und als jüngstes Ereignis, hat Düsseldorf sein ehemaliges Landesparlament, einen mächtigen Bau des 19. Jahrhunderts, in ein Museum für Gegenwartskunst verwandelt (Architekturbüro Kiessler & Partner). Die Strahlkraft der in den letzten Jahren errichteten Museen, die wie in Straßburg, Groningen oder Barcelona als touristische Infrastrukturmaßnahme zur Aufwertung vernachlässigter Stadtviertel konzipiert werden, ist enorm. Nicht nur der ausgestellten Kunst gilt dabei das Interesse, sondern ebenso sehr den Häusern, die für die Kunst gebaut wurden.

K21 Kunstsammlung im Ständehaus, Düsseldorf

Der gegenwärtige Museumsboom ist ein relativ neues Phänomen. Die Gründe hierfür sind vielschichtig; nicht zuletzt haben sie die sich wandelnde Rolle der Institution zur Voraussetzung, die ihr traditionelles Selbstverständnis als Musentempel und Lernort seit einigen Jahren im Begriff ist zu verändern. Publikumsmagneten sind Kunstmuseen heute weniger aufgrund ihrer angestammten Sammlungen, die kaum mehr Besucher anziehen als ehedem, sondern in erster Linie aufgrund großer Sonderausstellungen, die mit international bekannten Künstlern den Besuch zum Ereignis machen, das Museum zu einem Ort der Kommunikation und einem gesellschaftlichen Treffpunkt. Auch zusätzliche Serviceangebote, die bisweilen mehr Gewinn einbringen als die Eintrittsgelder – Shop, Restaurant, Disconächte und kommerzielle Privatveranstaltungen – haben dazu beigetragen, dass den Räumen der Kunst in den vergangenen Jahren eine neue Bedeutung und Aura zugewachsen ist. Die einstmals stillen, nur von einsamem Wachpersonal bevölkerten Säle sind nicht wieder zu erkennen.

Die neuen Kunstmuseen sind attraktive Erlebnisorte geworden, die, inhaltlich in der Regel auf aktuelle Entwicklungen fokussiert, heute die führende Rolle im Kulturbetrieb spielen. Die bildende Kunst hat dem Theater gesellschaftspolitisch den Rang abgelaufen, dessen langsamere Les- bzw. Hörart nicht mehr im Trend liegt. »Statt mit der klassischen Museumsarchitektur«, so Peter Weibel, Direktor des ZKM in Karlsruhe,

»die sich an ein älteres Elitepublikum adressierte, haben wir es heute mit Museen zu tun, die Teil der Tourismus-Industrie geworden sind. Der Boom an Museumsbauten ... hat versucht, für dieses neue kulturelle Verhalten der Massen, wo Kunst auch zu einer Form der Unterhaltung, zu einer Form der Freizeitgestaltung und spielerischen Kreativität, einem Kurs-Erlebnis am Wochenende wird, neue Räume zu schaffen, das heißt veränderte Räume für ein verändertes kulturelles Verhalten.« [1]

Exemplarisch ist dies in neuen Großprojekten wie dem Guggenheim Museum von Bilbao zu beobachten, das in seinen spektakulären Hallen die riesigen Bestände der Guggenheim-Stiftung bewusst nicht mehr in einer umfassenden enzyklopädischen Übersicht präsentiert, sondern überwiegend in Form einzelner schlaglichtartiger Ausschnitte und durch große, populäre Sonderausstellungen. Demgegenüber scheint der Aufbau des eigenen Bestandes in den Hintergrund zu treten. Dieser Trend ist an vielen neuen Häusern zu bemerken. Bei den neuen Museen in Barcelona, Santiago de Compostela oder dem Museu Serralves in Porto ging der Bau des Hauses dem Aufbau einer eigenen Sammlung entweder voran oder verlief zeitgleich mit ihm. Viele Museen sind daher in erster Linie Ausstellungshäuser, entweder weil die hauseigenen Bestände ihre ausschließliche kontinuierliche Präsentation (noch) nicht rechtfertigen oder sich ohne wechselnde Ausstellungen kein ausreichendes Publikum erreichen läßt. Das Frankfurter Museum für Gegenwartskunst war in dieser Hinsicht mit dem sich in halbjährlichem Rhythmus erneuernden »Szenenwechsel« wegweisend und hat anderen Häusern, etwa der Hamburger Kunsthalle oder dem Wolfsburger Kunstmuseum, die ihre Bestände weitgehend zirkulieren lassen, die Richtung vorgegeben. Der Gewinn an Flexibilität und an sich erneuernder Aufmerksamkeit beim Publikum geht gelegentlich auf Kosten der Identität und des eindeutigen Museumsprofils, das sich vermutlich nach wie vor an die dauerhafte Präsentation einzelner bekannter Kunstwerke oder Schwerpunkte knüpft. Wenn man wissen will, was man im einzelnen zu sehen bekommt, ist es ratsam, sich kurzfristig vorab zu informieren.

Wandel der Institution

Als eigenständige Institution ist das Kunstmuseum eine relativ neue Erscheinung. Ihre Entstehung verdankt sie der Überführung königlicher und fürstlicher Kunstschätze in den Besitz des Staates und ihrer öffentlichen Präsentation im Zuge der französischen Revolution. Als öffentliche und bürgerliche Einrichtung ist das Museum der Kunst ein Produkt der Aufklärung, das nicht nur zu erfreuen, sondern vor allem zu belehren suchte. So waren bereits die 1793 für das Publikum geöffneten Sammlungen des Louvre systematisch aufbereitet und verfolgten das Ziel einer historischen und ästhetischen Bildung des Volkes. Die seitdem gängige Ausstellungspraxis bestand in der Präsentation von »Schulen«, die in einer entwicklungsgeschichtlichen Reihe dargeboten wurden, der die Abfolge der Räume entsprach. Dies war eine entscheidende Neuerung gegenüber den Sammlungen der vormusealen Zeit, den Kunst- und Wunderkammern des 16. Jahrhunderts. Sie beherbergten unsystematisch erworbene und präsentierte Kollektionen von Prunkstücken, die sowohl Natur- als auch Kunstobjekte umfassten und nicht belehren, sondern in Erstaunen setzen und zum Ruhm des Besitzers beitragen sollten.

Erst im Zuge der Entstehung der großen staatlichen Kunstsammlungen entwickelte sich das Museum als eigenständiger Gebäudetypus.[2] Die ersten großen öffentlichen Museumsbauten – der 1819 eröffnete Prado in Madrid, das 1828 von Karl Friedrich Schinkel erbaute Alte Museum in Berlin, die 1830 bzw. 1836 von Leo von Klenze in München errichtete Glyptothek und Alte Pinakothek ebenso wie die nachfolgenden Museen in Berlin, Dresden und Wien – ähnelten repräsentativen Palästen, die neben der Kunst auch den Staat als Auftraggeber feierten. Hier übernahm die Architektur repräsentative Funktion. Zum Ruhme des Staates stellte sie einen dem Reichtum der Sammlungen entsprechenden Rahmen zur Verfügung. In ihrer baulichen Konzeption waren sie für lange Zeit maßgeblich: Die großen Oberlichtsäle der Alten Pinakothek und der klassische Kuppelraum der Rotunde als zentrales Atrium in Berlin

Gemäldegalerie, Berlin

blieben bis weit ins 20. Jahrhundert Vorbilder und werden in abgewandelter Form noch heute von den Architekten zitiert. Gelegentlich suchte die Museumsarchitektur im 19. Jahrhundert sich den Ausstellungsobjekten in historistischer Manier im Stil anzupassen – wie im Bayerischen und Germanischen Nationalmuseum – eine Tendenz, die auch in der Postmoderne noch ihren Niederschlag findet. Und weitere Parallelen zu unserer Zeit ließen sich ziehen:

O. M. Ungers setzt ganz im Stil des 19. Jahrhunderts Tafeln mit den Namen von Künstlern in die Fassade des neuen Wallraf-Richartz-Museum in Köln, während Hilmer & Sattler in der Berliner Gemäldegalerie Klenze zitieren und Paul Schweger in Wolfsburg einen Rückgriff auf das Schinkelsche Atrium unternimmt.

Erst im ersten Drittel des 20. Jahrhunderts brach sich mit Beginn der von der sachlich-funktionalen Bauhaustradition geprägten Moderne eine neue Tendenz Bahn. Ihren musealen Niederschlag fand sie in neutralen, nur durch Stellwände gegliederten Räumen für die Kunst. Das klarste Beispiel ist die erst nach dem Krieg erbaute Neue Nationalgalerie von Mies van der Rohe in Berlin. Neben der funktionalen Begründung, die Räume für Wechselausstellungen flexibel zu halten, war die Sachlichkeit der gläsernen Halle ein Reflex auf den Historismus und die ideologisch belastete repräsentative Architektur des 19. Jahrhunderts. Die modernen Universalräume der Kunst, die sich großer, inhaltlich geprägter Gestik enthalten, zielten darauf, in transparenter Manier eine geschichtsferne Moderne wirken zu lassen. In der Tendenz haben sie die Entwicklung verstärkt, Kunstmuseen als ästhetische Andachtsstätten zu begreifen, in denen der Besucher die Werke ungestört in konzentriertem Erleben wahrnimmt und in ihrer ästhetischen Aura zu genießen lernt. Auch der zumal von vielen Künstlern bevorzugte neutrale weiße Raum ist aus dieser Tradition hervorgegangen, die der Architektur eine im Sinn der Selbstdarstellung der einzelnen Werke dienende Funktion zuweist.

Gesamtkunstwerke

Mit Beginn der achtziger Jahre und dem einsetzenden Museumsboom trat die Architektur als Gesprächspartner der Kunst wieder deutlicher in Erscheinung. Eine Entwicklung setzte ein, die durch einen mal mehr mal weniger deutlich artikulierten Kunstanspruch der Architektur zu kennzeichnen wäre. Den Charakter eines reinen Zweckbaus hat das Kunstmuseum jedenfalls spätestens seit diesem Zeitpunkt hinter sich gelassen. Anders als im 19. Jahrhundert, als die Museumstempel der enzyklopädischen Sammelleidenschaft der Nationen repräsentativen Ausdruck verliehen, ziehen die Bauten der letzten rund 20 Jahre als eine Art übergreifendes Ausstellungsobjekt die Aufmerksamkeit auf sich selbst – und nicht zuletzt auf ihre Erbauer.

Louvre, Paris

Oft wird diese Tendenz zum Gesamtkunstwerk kritisiert, nicht zuletzt von den Künstlern, die angesichts der Dominanz der Architektur die neutrale Atmosphäre des *white cube* zurücksehnen: »Der Grund, warum Kunstmuseen bei Architekten so beliebt und so bizarr gebaut sind, ist, daß Architekten offensichtlich glauben, diese hätten keine Funktion« (Donald Judd).[3] Und zu einem verbreiteten Apercu geworden sind die Worte des Malers Georg Baselitz: Die Kunst »braucht ... Raum, Wände, Licht. Das beste Licht kommt von oben, der beste Raum für diesen Zweck hat geschlossene hohe Wände, wenig Türen, keine Seitenfenster, keine Fußleisten, keine Sockel, keine Paneele, keine reflektierenden Fußböden ... und schließlich auch keine Farben.«[4] Völlig konträr dazu argumentiert der amerikanische Architekt Peter Eisenman – Architekt des geplanten Stelenwaldes der Berliner Holocaustgedenkstätte – hinsichtlich der Konkurrenz von Architektur und Kunst: »Soll die Architektur Hintergrund für die Kunst sein? Muss deshalb die Architektur der Kunst dienen? Ich antworte darauf: Auf keinen Fall. Architektur sollte die Kunst herausfordern. Wir müssen dieses Verständnis von Architektur als dienender Profession verdrängen.«[5]

Ihren Niederschlag hat diese neue künstlerische Architektur zunächst in der Postmoderne der achtziger Jahre gefunden. Nachdem Renzo Piano in seinem Pariser Centre Pompidou noch einem lautstarken Technizismus gehuldigt hatte, begann sich mit der Postmoderne eine neue Selbstdarstellung der Museumsarchitektur zu etablieren. Wegmarken setzten die beiden Museen von Hans Hollein in Mönchengladbach und Frankfurt sowie die Staatsgalerie von James Stirling in Stuttgart. Sie feierten in ihrer Zitierfreude, ihrer bis ins Detail reichenden Gestaltungsvielfalt und Inszenierungslust – die in Frankfurt die einzelnen Räume mit einer individuellen architektonischen Interpretation auflud und Treppen, Zwischenräume und den Bereich der öffentlichen Funktionen in diesen Dialog mit den Kunstwerken mit einbezog – zunächst einmal sich selbst. Zum Stuttgarter Museum bemerkte der Schweizer Künstler Remy Zaugg: »Die architektonischen Zitate fahren Sie von einem Jahrhundert zum nächsten und bewirken, dass Sie nicht mehr wissen, in welches Sie gehören oder wo sie sich befinden: in Paris, in Beaubourg, im Centre Pompidou der siebziger Jahre oder im Rom des Augustus.«[6]

Wenn auch die Postmoderne heute Vergangenheit ist, so hat sich der Kunstanspruch der Museumsarchitektur seitdem eher noch verstärkt. Das Museum von Groningen zum Beispiel, 1994 eröffnet, zieht mit der Vielfalt der Materialien in schillernder Farbigkeit und seiner Platzierung inmitten eines Kanals alle Register theatralischer Inszenierung. Von den Ansprüchen der Architektur kann sich jeder Besucher überzeugen, wenn er die Aufmerksamkeit, die sie beansprucht, mit der vergleicht, die die ausgestellten Werke ihm abverlangen. Ähnliches gilt für Frank O. Gehrys wild bewegten Museumskörper in Weil am Rhein (Vitra-Design-Museum) und mehr noch für das Guggenheim-Museum von Bilbao. In beiden kommt ein hoch entwickeltes skulpturales Verständnis von Architektur zum Ausdruck.[7] Ernst und philosophisch nimmt sich hingegen der Stil von O. M. Ungers aus, der Rationalismus und Postmoderne verbindet und wie in Hamburg und Köln die Architektur mit den Kunst-am-Bau-Elementen des Bildhauers Hamilton Finlay in Beziehung setzt. Radikal wirkt der dekonstruktivistische Symbolismus von Daniel Libeskind, der in autonomer Selbstbezüglichkeit auf die Herstellung von Erfahrungsgehalten zielt. Im Œuvre von Klassikern wie Mario Botta (Tinguely-Museum, Basel) oder Renzo Piano (Sammlung Beyeler, Basel; Musee d'art contemporain, Lyon) beansprucht der Typus des Museumsbaus mittlerweile eine zentrale Stellung. Und während der synthetische Stil eines Richard Meier sich in neomoderner Abgeklärtkeit flexibel an städtebauliche Situationen anpasst, wird von anderer Seite der Anspruch von Architektur als einer Form der bildenden Kunst ganz explizit erhoben. So formuliert Frank O. Gehry unverblümt: »Zu sagen, dass ein Gebäude eine bestimmte architektonische Haltung einnehmen muss, ist zu engstirnig: am besten ist es, wenn man dem Plastischen einen praktischen Zweck verleiht«.[8] Der Funktionsbestimmung voraus geht der primäre künstlerische Ausdruck.

Kunst und Neue Einfachheit

Dass die Museen eine Entwicklung zum Gesamtkunstwerk genommen haben, dazu hat nicht zuletzt die Entwicklung der Kunst selbst beigetragen. Die Steigerung der ästhetischen Erfahrung und mehr noch die Erzeugung von Erfahrung durch die Architektur scheint den Bestrebungen in der Kunst der letzten Jahrzehnte durchaus zu entsprechen. Auch insofern ist es wohl kein Zufall, dass die meisten der neuen Museen in ihrem Sammlungs- und Ausstellungsprogramm mit der Kunst ab etwa den siebziger Jahren beginnen. Mit wenigen Ausnahme sind die neuen Museen inhaltlich den Entwicklungen der letzten Jahrzehnte, Minimal Art, Konzeptkunst, Arte Povera, Installationen etc. gewidmet. Es scheint, als habe diese Kunst der Gegenwart eine Ästhetisierung der Architektur gefördert. Während man in Museen mit alten Beständen mit farbigen Wandbespannungen und hohen Voutendecken zumindest in den Ausstellungsräumen klassischen Mustern treu bleibt, teilt in vielen Museen für aktuelle Kunst die Architektur mit der Kunst die ästhetische Zielsetzung. Abgesehen davon, arbeitet der größere Raumbedarf der Kunstwerke dem Bedeutungszuwachs der Architektur zu. In spektakulären Fassaden, in irregulären Baukörpern, in den großzügigen, raffiniert dimensionierten Atrien, wo die »Erhabenheit des Raumeindrucks«, von der Schinkel sprach, als Thema zurückkehrt, in kostbaren Materialien noch in den unscheinbarsten Winkeln der Servicebereiche, zeichnet sich die Architektur durch ein hohes Maß an Artifizialität aus; ihre Nähe zur Ästhetik der Objektkunst ist nicht zu übersehen.

Die Wendung zum Objekt und die Interaktion von Objekt und Raum ist seit den sechziger Jahren eines der zentralen Themen, in der Malerei wie in der Plastik. Das Tafelbild wurde Bildobjekt, die Skulptur löste sich von ihrem Sockel und beherrscht in ihrer Form als Environment und Installation allein schon quantitativ die Räumlichkeiten. Der Raum und seine Beziehung zum Werk sind eines der bestimmenden ästhetischen Momente neuer Kunst. Offensichtlich wird diese Ausrichtung etwa in Arbeiten wie den auf dem Boden ausgelegten Steinformationen Richard Longs oder bei Richard Serra und Bruce Nauman, deren Installationen im Sinne der »Erfahrungsgestaltung« durch die Art der Anbringung und das Volumen der Objekte Gefühle von Bedrohung oder Schrecken erzielen wollen. Schon in den sechziger und siebziger Jahren hat die amerikanische Minimal Art - exemplarisch in den seriell angeordneten Kuben von Donald Judd oder Sol LeWitt - programmatisch Materialität, Gegenständlichkeit und den Bezug zum Raum und zur Umgebung bewusst zu machen gesucht und in den Mittelpunkt ihrer Ästhetik gestellt.

Vielleicht hat diese in der Kunst erprobte Reduktion auf elementare Formen der Gegenständlichkeit und auf Wahrnehmungsphänomene dazu beigetragen, dass das Thema durch die Architektur nun in größerem Rahmen weitergespielt wird. So wäre die Tendenz der Architektur zum Kunstwerk als Konsequenz der Objekt- und Raumkunst zu sehen: das Ergebnis der Auseinandersetzung der Architekten mit der Kunst der letzten Jahrzehnte - gewissermaßen die mit Verzögerung eingetretene Erkenntnis, dass die Ausweitung des Kunstbegriffs auch für die Architektur relevant ist. Insofern sind Kunstmuseen, wenn sie, wie Daniel Libeskinds Felix-Nussbaum-Museum in Osnabrück oder das Jüdische Museum Berlin durch Räume der Dunkelheit, abfallende Fußböden oder Klanginstallationen darauf zielen, die Wahrnehmung des Raumes zu intensivieren und Erfahrungsdimensionen zu erzeugen, selbst als überdimensionale öffentliche Environments anzusehen, die im Idealfall einen inhaltlich stimmigen Zusammenklang mit den Kunstwerken erreichen.

Jüdisches Museum, Berlin

In den Museumsbauten der jüngsten Zeit zeigt sich am stärksten diese von der Nachkriegskunst geprägte Ästhetik eines ausdrucksstarken Minimalismus. Zu den Vertreter der neuen »poetischen Einfachheit«[9] kann man die Schweizer Annette Gigon/Mike Guyer, Peter Zumthor mit dem Kunsthaus Bregenz, Tadao Ando, bis zu einem gewissen Grad auch Jaques Herzog/Pierre de Meuron rechnen. Sie pflegen einen »Minimalismus«, der bei unterschiedlicher Akzentuierung eine bemerkenswerte Intensivierung der ästhetischen Erfahrung erreicht. Insofern steht dieser gelegentlich fast puritanisch wirkende Reduktionismus nur scheinbar im Gegensatz zu dem expressiven, gestenreichen Stil der Postmoderne oder dem Formenspiel des Dekonstruktivismus. Das noch Anfang der neunziger Jahre eröffnete Kirchner-Museum in Davos, der Erweiterungsbau des Kunstmuseums Winterthur und das 1998 eröffnete Liner-Museum in Appenzell, alle von Gigon/Guyer, ebenso wie die Sammlung Goetz in München von Herzog/de Meuron, das Kunsthaus Bregenz von

Peter Zumthor oder der simple Betonraum von Peter Märklis La Congiunta setzen auf einfache, meist kubische Formen, betonen durch die bevorzugte Verwendung von Sichtbeton und geätztem Glas die sinnliche Präsenz des Materials und bieten in ihrer Mischung aus Reduktionismus, Eleganz in der Ausstattung und technischer Raffinesse - vor allem der Lichtführung - einen ästhetisch verfeinerten Modernismus, der zu den Kunstwerken nicht in Konkurrenz tritt. Statt dessen sucht er einen auratischen Rahmen herzustellen, der die Wahrnehmung der Kunstwerke begünstigt. Gemein ist diesen Häusern ferner die Ausgrenzung der meisten öffentlichen Funktionen, am deutlichsten in Bregenz, wo nicht nur die Verwaltung, die Restaurationen und die Bibliothek in ein Nebengebäude verlegt sind, sondern die Außenwelt insgesamt nur in Form eines gefilterten und gestreuten Lichtes in den Kunstraum gelangt: vier übereinandergeschichtete, durch Lichtdecken getrennte, fensterlose Ausstellungsräume, die außen durch eine Glasschindelfassade umhüllt sind. Treppen und andere vertikale Erschließungswege bleiben verborgen. Wenn, wie im Museum Liner, die Umgebung ins Haus tritt, geschieht dies in Form einer durch die Fensterrahmen und den Hintergrund bildhaft arrangierten Natur. Am überzeugendsten scheint dies derzeit in dem neuen Museum des Portugiesen Alvaro Siza in Porto zu gelingen, wo ansonsten die partiell eingestreuten dekonstruktiven Formen einem ruhigen Purismus zuarbeiten. Hier ist erreicht, worum es bei den neuen Museen grundsätzlich gehen müßte: die ästhetische Wirkung der Kunstwerke zu stärken, ohne die Autonomie der Architektur aufzugeben.

1 Peter Weibel, Museen in der postindustriellen Massengesellschaft, in: Museumsarchitektur, hrsg. v. Kunsthaus Bregenz, Bregenz, 2000, S. 123f.

2 Bereits 1755 ließ Friedrich II. in Potsdam-Sanssouci einen ersten eigenständigen Galeriebau für seine Gemäldesammlungen errichten. 1767 begannen die Arbeiten für die Alte Eremitage in St. Petersburg. Als das erste öffentliche Museum gilt das British Museum in London, das 1759 in Matagu House in London eingerichtet wurde. Eine der ersten öffentlich zugänglichen privaten Kunstsammlungen war bereits seit 1671 die Sammlung Amerbach in Basel, die von der Stadt erworben worden war.

3 Donald Judd, Architektur, hrsg. v. M. Stockebrand, Ostfildern, 1992 (zit. in Museumsarchitektur, s. Anm. 1), S. 51.

4 Georg Baselitz, Vier Wände und Oberlich, Vortrag, 1979 (zit. n. Museumsarchitektur, s. Anm. 1), S. 14.

5 Peter Eisenman, Schwache Form, in: P. Noever (Hrsg.), Architektur im Aufbruch, München, 1991, S. 39f.

6 Nicht nur in diesem Fall verdankt sich das Achitekturverständnis auch der biographischen Tatsache der persönlichen Bekanntschaft mit Künstlern, hier den amerikanischen Bildhauern Richard Serra und Claes Oldenburg, den Malern Jasper Johns und Robert Rauschenberg.

7 Remy Zaugg, Die unumgängliche Propädeutik, in: E. Schmidt (Hrsg.), Vom Bild zur Welt, Köln, 1993.

8 Frank O. Gehry.

9 Vgl. Jürgen Pahl, Architekturtheorie des 20. Jahrhunderts, München, 1999, S. 211ff.

DIE NEUEN MUSEEN

GIGON + GUYER

Museum Liner, Atrium
Fenster mit
ländlicher Aussicht

Chromstahl auf Alpenwiesen

MUSEUM LINER, APPENZELL

Die Schweizer Museumslandschaft ist seit kurzem um ein weiteres modernes, in der Provinz angesiedeltes Kunstmuseum reicher. Wie beim Kirchner-Museum in Davos handelt es sich bei dem 1998 im ostschweizerischen Appenzell innerhalb nur eines Jahres fertiggestellten Bau um ein monographisches Museum. Benannt ist es nach den Appenzeller Malern Carl August Liner (1871–1946) und dessen Sohn Carl Walter Liner (1914–1997), deren Werk die Entwicklungen der Kunst in der Schweiz über zwei Generationen bis zur Gegenwart widerspiegelt: Vom Realismus und der Pleinairmalerei des Vaters, der an der Münchner Akademie studierte und die heimatliche Ostschweiz in zahlreichen, farbig-expressiven Landschaften festhielt, bis zum impressionistischen und fauvistischen Frühwerk des Sohnes, der sich nach Studienaufenthalten in Paris zunächst dem Tachismus und schließlich dem abstrakten Expressionismus zuwandte. Diese Entwicklungen sichtbar zu machen, ist Hauptzweck des als Stiftung geführten Museums, das seine Entstehung, wie häufig in der Schweiz, privatem Mäzenatentum verdankt. Mitinitiator war der im Ort ansässige Unternehmer Heinrich Gebert (Geberit), selbst Sammler und mit der Familie Liner verwandt, der den Grundstückserwerb sowie den rund 7 Millionen Franken teuren Bau finanzierte und weitere Summen für die jährlichen Betriebskosten einbrachte. Die Witwe Carl August Liners ihrerseits gab als Stiftungsgeschenk ihre Bestände der Linerschen Sammlung, die seitdem in wechselnden, durch Werke von Zeitgenossen ergänzten thematischen Ausstellungen präsentiert werden.

Viele der Besucher dürften vermutlich in erster Linie der Architektur wegen nach Appenzell kommen. Der Bau von Gigon und Guyer steht in der schweizerischen Tradition einer Architektur der neuen Einfachheit und folgt stilistisch dem Weg, den das Schweizer Architektenduo zuvor schon im Kirchner-Museum in Davos und in dem Erweiterungsbau des Kunstmuseums Winterthur eingeschlagen hatte: ein »Minimalismus«, der einfache, klare, meist kubische Formen bevorzugt, der mit dem wie in Davos dominierenden Sichtbeton im Inneren die Betonung auf eine karg wirkende Ausstattung legt und für die Beleuchtung, wie in Winterthur, eine Sheddachkonstruktion wählt. In Appenzell werden diese Elemente noch einmal gesteigert. Während die Ausstellungsräume ruhig und zurückhaltend wirken, besitzt das Äußere einen futuristischen Gestus und gewinnt durch die Fassade und die markante Sheddachkonstruktion eine skulpturale Qualität, die über das Prinzip Einfachheit hinausgeht.

Das Museum Liner – am Ortsrand gegenüber dem Appenzeller Bahnhof auf erhöhtem Wiesengrund gelegen – läßt Assoziationen an ländliche Heimatmuseen mit urtümlicher Atmosphäre erst gar nicht aufkommen: Ein langgezogener, monolithischer Block, eingehüllt in einen chromsilbrigen Schuppenpanzer, der aus rechteckigen, überlappenden Stahlplatten zusammengesetzt ist. Auffallendster Zug ist die sechsgiebelige, sägezahnförmige Sheddachkonstruktion, wie man sie an einem Forschungslabor oder Industriebau erwarten würde. Tatsächlich sollen Form und Material, die Sheds und der Chromstahl, sich dem benachbarten gewerblichen Umfeld anpassen, andererseits an die traditionellen schindelbedeckten Appenzeller Giebeldächer und die für die Region typischen Satteldächer erinnern. Ungewöhnliche Details unterstreichen die auf jeden Schmuck verzichtende Sachlichkeit: Das Gebäude steht unvermittelt ohne jeden

Sockel auf Wiesengrund; die Fassade und die Dachkonstruktion gehen ohne Abgrenzung ineinander über. Ungewöhnlicher noch sind die breiten, durch ebenfalls chromstahlverkleidete Rahmen hervorgehobenen Fenster, von denen zwei die Schmalseiten beherrschen, während drei kleinere auf die beiden Längsseiten verteilt sind.

Der Zugang zum Museum Liner erfolgt von der der Hauptstraße abgekehrten Seite über ein einfaches Vestibül, das vom Weg über eine Betonrampe erreicht wird. Das Atrium mit Empfang und Garderobe, den größten Raum des Hauses, beherrscht ein einziges Fenster, das seine gesamte Schmalseite einnimmt und die ländliche Dorfidylle mit Wiesen und Obstbäumen unmittelbar hereinholt. Die durch die Fenster – »Kanten, die das Gesichtsfeld limitieren und lenken« – eingefasste Landschaft »wird sozusagen imaginär an die Betrachter herangerückt, die Tiefenerstreckung des Umraums auf großdimensionierte Flächen gebannt« (Gigon/Guyer). Über etwa drei Viertel des Vorraumes erstreckt sich eine hoch aufragende Deckenschräge, die an ihrem oberen Ende das Glas eines Sheds verdeckt. Die Einbauten, Tresen, Bänke und Garderobenschränke, die ebenfalls von den Architekten entworfen wurden, sind aus schlichten braunen Holzfaserplatten. Ein schmaler Durchgang führt von hier in den Ausstellungsbereich, der 650 qm Ausstellungsfläche umfasst und zum Zweck maximaler Hängefläche verhältnismäßig kleinteilig parzelliert ist. Die zwölf von einer durchgehenden Mittelwand getrennten Räume nehmen Flächen zwischen 30 und 50 qm ein. Durch versetzte Türöffnungen sind sie miteinander verbunden, sie bilden derart keine durchgehende Enfilade, sondern erzeugen eine mäandrierende Wegführung. Zwei Räume an der nördlichen Schmalseite wurden als Leseraum bzw. als abgedunkelter Videoraum eingerichtet. Es herrscht eine ruhige, konzentrierte Kabinettatmosphäre. Die Wände sind durchgängig weiß und kontrastieren mit einem dunklen, pigmentierten Betonboden, der noch die kreisförmigen Bearbeitungsspuren erkennen läßt. Licht fällt durch sechs nach Norden gerichtete Shedoberlichter. Zusätzlich sind drei Reihen unterschiedlich heller Leuchtstoffröhren verdeckt in den Nischen angebracht. Die Lichtschutz-Verschattung und die Regulierung der Lichtmenge erfolgt durch Stoffrollos.

Museum Liner. Unter der Sheddachkonstruktion könnte man auch eine Fabrik vermuten.

So erlaubt die Architektur eine Konzentration auf die meist kleinformatigen Linerschen Gemälde und Zeichnungen, von denen das Haus über 1.000 besitzt, die meisten davon sind im Depot im Untergeschoss deponiert. Direktor Peter Dering kann sich außerdem über eine zweite Schenkung aus dem Hause des Bauherrn und Stifters freuen, die inzwischen den Bestand des Museums bereichert hat. Es handelt sich um eine 250 Werke umfassende Sammlung mit Schwerpunkten auf der Klassischen Moderne, darunter ein Hauptwerk von Antoni Tapiès, Gemälde von Willi Baumeister, Pierre Alechinsky, Ernst Ludwig Kirchner, Joan Miró und Piet Mondrian, sowie zwei großformatige Mobiles von Alexander Calder. Aus den Jahrzehnten nach dem Krieg stammen Werke von Ernst Wilhelm Nay, A. R. Penck, Markus Lüpertz, Sam Francis sowie Grafiken und Skulpturen von Eduardo Chillida.

Museum Liner. Seitenansicht mit Fenster

Museum Liner. Ausstellungsraum - White Cube.

Museum Liner
Unterrainstrasse 5
CH-9050 Appenzell
Telefon
+41 (0) 71 788 18 00
Internet
www.museumliner.ch

Öffnungszeiten:
di - fr 14 - 17 Uhr
sa / so und an
Feiertagen 11 - 17 Uhr

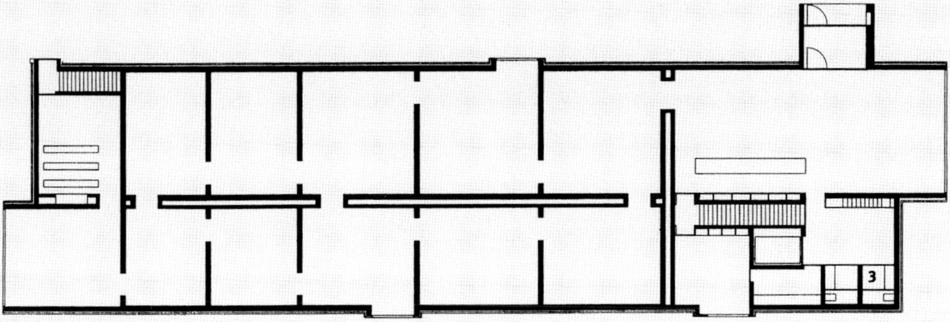

„It's a museum, a cathedral of our time. Today a museum is more than a container for works of art. ... It's a place where people come together, a social place as well as a place for contemplation."
Richard Meier

Lichttempel in der Altstadt

MUSEU D'ART CONTEMPORANI BARCELONA

RICHARD MEIER

Das Weiß des amerikanischen Stararchitekten Richard Meier leuchtet nun auch im Zentrum Barcelonas. Mit einem hellen, lichten Haus für Gegenwartskunst mitten im Labyrinth der Altstadtgassen zieht ein zukunftsfroher Geist in die mittelalterliche Welt der katalanischen Hauptstadt ein, deren enge, dunkle Gassen zu der abgeklärten Eleganz des Meierschen Neomodernismus kaum entschiedener kontrastieren könnte. Obwohl nur einige hundert Meter von den Ramblas entfernt, ist das Raval-Viertel, in dem das Haus steht, einer der am wenigsten besuchten Teile der Altstadt. Vor gut 10 Jahren begann die Stadtverwaltung hier ein stadtplanerisches Erneuerungs- und Modernisierungsprogramm, um das Viertel enger Gassen und baufälliger Gebäude durch die Errichtung neuer öffentlicher Bauten aufzuwerten. Durch den Abriss mehrerer Häuserblocks entstand ein weiträumiger Platz, in dessen Umkreis nun ein Kulturzentrum, das Centre de Cultura Contemporania de Barcelona, ein Institut für Design, die Dependance einer Privatuniversität und als Mittelpunkt das Museu d'Art Contemporani liegen. Mehrere Galerien haben sich im Umkreis niedergelassen; der Plan, neben den bekannten touristischen Attraktionen der Stadt ein zusätzliches kulturelles Zentrum zu etablieren, hat erste Formen angenommen.

Meiers neues Museum ist ein gravitätischer, 120 m langer und 35 m breiter Bau, der etwas erhöht stehend mit seiner langen, nach Süden gerichteten Hauptfassade die Placa dels Angels beherrscht. Es ist das erste Projekt des Amerikaners in Spanien, der neben Frank O. Gehry weltweit heute zu den erfolgreichsten Architekten gehört. Frankfurts Museum für Kunsthandwerk, das High Museum of Art in Atlanta, das Des Moines Art Center in Iowa und das 1997 fertiggestellte Paul Getty Center in Los Angeles gehören zu den inzwischen berühmten Museumsbauten des 1934 geborenen Meier, der als einer der Fortführer des klassischen modernen Stils Corbusiers zunächst vor allem Einfamilienhäuser baute. 1972 erlangte er durch die Publikation »The New York Five«, in der er zusammen mit den Architekten und Designern Peter Eisenman, Michael Graves, Charles Gwathmey und John Hejduk vorgestellt wurde, internationale Bekanntheit.

Markante Fassadengliederung: Museu d'art contemporani, Eingangsfassade. Meiers Museum beherrscht einen neu entstandenen Platz in der Altstadt Barcelonas.

Weiße Moderne oder integraler Stil?
Museu d'art contemporani, Eingangspartie.

Meiers Museum in Barcelona folgt mit seinem rechteckigen Grundmuster der Blockbebauung des Viertels. Durch eine parallel zur Fassade verlaufende Rampe und eine breite Terrasse ist es vom Platz etwas abgerückt, lädt in seinem Umfeld zum Verweilen ein und bildet die Kulisse für flanierende Familien, Skateboardfahrer und spielende Kinder – eine Piazza im vertrauten Sinn. Der Dialog des Museums mit der urbanen Umgebung, eine Hauptintention bei der Planung, wird durch einen neben dem Museumseingang versteckten Durchgang durch das Gebäude zu einem rückseitigen Hof unterstützt. Dennoch, der Gegensatz zwischen der kleinteiligen Umgebung und dem stattlichen Museumsneubau ist allzu augenfällig, trotz dessen abwechslungsreich gestalteter Fassade (die offenbar bewusst diesen Kontrast zu mindern sucht) und trotz der ebenfalls vielfältigen Struktur des Erdgeschosses, die das Labyrinth der Gassen wiederholt. In der Hinterhofatmosphäre des Viertels kann der Bau den Eindruck eines mondänen Fremdkörpers nicht ganz ablegen. Um den Dialog von Museum und der Bevölkerung zu fördern, hat man zur Eröffnung des Hauses 1996 verschiedene Aktionen durchgeführt: Die Bewohner der Nachbarschaft machten aus ihrer Wohnzimmerperspektive Fotoaufnahmen des Museums, die zusammen mit ihren privaten Möbeln im Museum ausgestellt wurden (Fortuyn/O'Brien, *Neighbours*). Und in einer weiteren spektakulären PR-Aktion installierte man die einzelnen weißen Aluminiumplatten, die den Hauptteil der Fassade bilden, an markanten Plätzen der Stadt (Magdalena Jetelova, *Dislocations*) – ein schönes Symbol der Verknüpfung des Museums mit der Stadt, die nicht zuletzt auch durch das großformatige Fresko des Basken Eduardo Chillida an einer Mauer gegenüber der Schmalseite des Museums unterstrichen wird.

Das Museum ist in drei formal divergierende bauliche Bestandteile unterteilt: einen rechteckigen, länglichen Hauptblock, der die Ausstellungsräume enthält, einen seitlich anschließenden Rundbau, der als Atrium und Lesehalle dient, und einen von diesem durch einen Durchgang separierten siebenstöckigen Seitentrakt, der Verwaltungsräume und eine Bibliothek enthält. Die mächtige Vorderfront, die durch die massive schwarze Steinskulptur des Spaniers Jorge Oteiza auf der Terrasse ein Gegengewicht erhält, wird durch drei Elemente gegliedert: in der Mitte durch die großflächige, in einem Aluminiumrahmen eingefasste, durch horizontal verlaufende Lamellen gegliederte Glasfront. Am rechten Rand ragt, einigermaßen unvermittelt, ein kartoffel- oder erdnussförmiger Vorbau in den

Platz hinein, der auf unterschiedlich gestalteten Piloten aufsitzt und einen separaten Ausstellungsraum birgt. Die Eingangspartie am linken Rand schließlich wird von einer auf halber Höhe platzierten Kulissenwand beherrscht, die von schlitzartigen Öffnungen durchbrochen ist. Sie ist der Front vorgelagert und verdeckt damit das runde Atrium und den Durchgang durch das Museum.

Allein schon diese Auffächerung der Hauptfront macht die Architektursprache Meiers sichtbar; den spezifischen Stil einer Kombination aus Rundungen und Rechtecken, Einschnitten und Öffnungen, den Wechsel von Klein- und Großflächigkeit und eine komplexe, außerordentlich vielfältige Struktur, die vor allem durch das omnipräsente Weiß ihre Einheit gewinnt. »Integral« wäre Meiers Stil zu nennen, der mit Brüchen spielt und Elemente der Postmoderne und der klassischen Moderne souverän verbindet.

Das Prinzip der Kombination unterschiedlicher formaler Elemente findet im Inneren des Hauses seine Fortsetzung, wird in seiner integralen Ausrichtung hier jedoch nicht auf einen Blick, sondern erst im Durchgang erfahrbar. Einem schachtartigen, rechteckigen und abgedunkelten Eingangsraum folgt das kreisrunde, teilweise durch Glasbänder erhellte Atrium, bevor man eine daran seitlich angrenzende, fast 40 m lange Haupthalle betritt, die von zwei Reihen unterschiedlicher Säulen unterteilt wird. Hier findet der Vergleich von Kunstmuseen mit Kathedralen seine konkreteste Parallele: eine lichtdurchflutete dreischiffige Halle mit starker Höhenwirkung, transparent der Stadt zugewendet, entlang deren Glasfront eine wuchtige Rampe die oberen Stockwerke erschließt und die Struktur des Vorplatzes wiederholt.

Es ist vor allem die Behandlung des Lichts, die den Bau im Inneren in einem Wechsel von Intimität und Transparenz auszeichnet. Die Ausstellungsräume, die sich auf vier Ebenen entlang der Längsachse im nördlichen Teil des Baus aneinanderreihen, sind von der Vorhalle durch durchbrochene Wandformationen und einen entlang dieser Flucht verlaufenden Gang getrennt. Das durch die südliche große Glasfront einfallende Tageslicht dringt jedoch an ihnen vorbei in die Räume und irisiert die ansonsten vorherrschende künstliche Beleuchtung und, im obersten Geschoss, das durch Sheds einfallende gedämpfte Naturlicht. Der Gang selbst, dessen Boden aus massiven Glasbausteinen besteht, trägt wesent-

Weiße Dominante.
Meiers neues Museum
– eine feste Größe
in der katalanischen
Hauptstadt

lich zu diesem Eindruck der Transparenz bei; es ist ein Lichtstreifen, für Meier ein »Schlitz«, durch den »eine leuchtende Trennung« zwischen Halle und den Raumbegrenzungen erreicht wird.

Organisiert ist das Museum in Form einer 1989 gegründeten Stiftung, in der die regionale Generalidad de Catalunya, die Stadt Barcelona und private Unternehmen kooperieren und die Ankäufe finanzieren. Manuel Borja-Villel, vormals Leiter der Fundacio Antoni Tapíes, wird den bisherigen programmatischen Ansatz einer Zusammenführung der spanischen, vor allem katalanischen Künstler mit internationalen Entwicklungen weiter verfolgen. Auch hier in Barcelona unternimmt man den Versuch einer Verbindung von permanenter Präsentation der Bestände und wechselnden Ausstellungen, die den größeren Raum einnehmen. Die Sammlung der Nachkriegskunst beginnt mit dem Jahr 1948, als die dem Surrealismus nahestehende Künstlergruppe »Dau al Set« gegründet wurde. Der mittlerweile erworbene Bestand des Museums konzentriert sich im wesentlichen auf den regionalen Niederschlag der wichtigsten Entwicklungsphasen der Nachkriegskunst. Daneben finden sich mit einzelnen Werken international bekannte Namen wie Marcel Duchamp, Robert Rauschenberg, Lucio Fontana, Christian Boltanski, Marcel Broodthaers, Richard Long, Mario Merz und A. R. Penck. Für Besucher ist zu empfehlen, sich über das aktuelle Ausstellungsprogramm jeweils vorher zu informieren, das im Sommer stärker international, im Winter stärker regional ausgerichtet ist.

Museu d'Art Contemporani de Barcelona (MACBA)
Plaça dels Àngels, 1
E-08001 Barcelona
Telefon
+ 34/9 34 12 08 10
Internet
www.macba.es

Öffnungszeiten:
mo / mi / fr / sa 10.30 - 20 Uhr
do 10.30 - 21 Uhr
so 11 - 19 Uhr

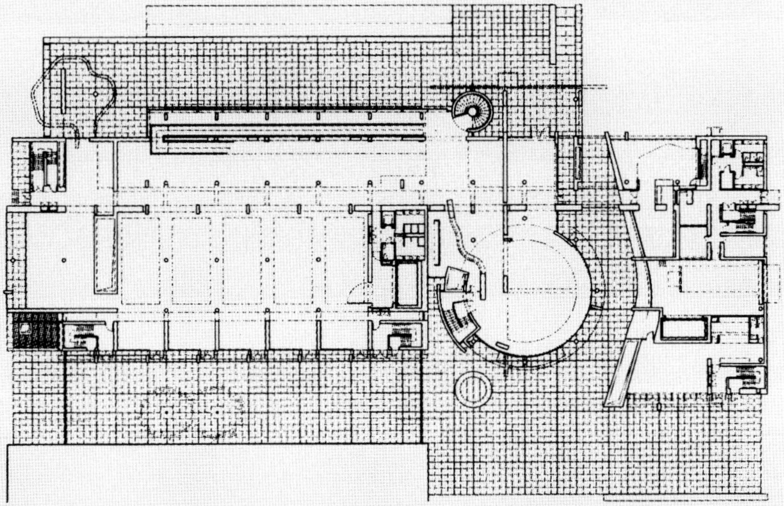

Fondation Beyler.
Über seine gesamte
Länge öffnet sich das
Museum zur Landschaft.

RENZO PIANO

Seerosen mit Debussy

FONDATION BEYELER, BASEL

Der Basler Vorort Riehen ist die Heimstätte der Sammlung von Ernst Beyeler geworden. Hier hat in einem alten Park die erlesene Kollektion des Schweizer Galeristen und Kunstsammlers in einem eleganten Galeriebau eine ihrem Typus und ihrem außergewöhnlichen Rang entsprechende Unterkunft gefunden. Architekt des Baus ist der 1937 in Genua geborene Renzo Piano, der 1977 durch das zusammen mit Richard Rogers entworfenen Centre Pompidou in Paris internationale Bekanntheit erlangt hat. Piano, der Büros in Genua und Paris unterhält, ist in Basel jedoch weit entfernt von dem Aufsehen erregenden, lauten Technizismus der siebziger Jahre. In Basel knüpft er stilistisch an den einfachen, ruhigen Typus seines 1986 für die Menil-Foundation in Houston/Texas errichteten Museums an. Der flache, langgestreckte Bau mit vorkragendem Dach zeigt einen zurückhaltenden Charakter, der die Landschaft nicht dominiert. Architektur und die ländliche Umgebung sind merklich aufeinander bezogen und

harmonisieren – bis ins Detail – auch mit dem Charakter der Sammlung. In perfekter Manier hat Piano hier sein eigenes Credo umgesetzt: »Ein Museumsbau sollte die Qualität der Sammlung zu deuten versuchen und ihre Beziehung zur Außenwelt definieren«.

Der 124 m lange und 35 m breite eingeschossige Flachbau ist eingebettet in einen Landschaftspark. Die leicht gewellte Bodenformation, der alte Baumbestand und ein von Seerosen bedeckter Teich, der unmittelbar an die Schmalseite des Baus grenzt, intonieren noch vor dem Museumsentree die japanisch anmutende Atmosphäre einer kunstvoll arrangierten Naturkomposition. Entlang seiner Längsseiten ist das Gelände von der stark befahrenen Basler Ausfallstraße durch eine massive, nur von einer Toreinfahrt unterbrochenen Mauer getrennt. Die geschlossene Wand markiert die klare Grenze zwischen dem Bezirk der Kunst und dem öffentlichen Umfeld. Die Mauer geht in den Museumsbau selbst über und bildet hier als eine Art »Rückgrat« zugleich die Außenwand für Versorgungsräume, Museumshops, Garderobe, Toilette und Kasse. Während der Bezirk der Kunst der Stadt somit demonstrativ den Rücken kehrt, ist die

Fondation Beyeler. In manchen Ausstellungsräumen wird die äußere Natur zum Mitspieler.

Henri Rousseau

gegenüberliegende Seite durch Offenheit charakterisiert. Hier geht der Park in die Kulturlandschaft über. In Richtung der südlichen Schmalseite liegt einige Meter entfernt die alte Berower Villa aus dem 16. Jahrhundert, in der sich heute das Restaurant und im Obergeschoss die Verwaltungsräume der Fondation Beyeler befinden.

Zwei Grundmotive kennzeichnen Pianos Bau: die massiven, in dunklen Rottönen schimmernden Mauern sowie im Kontrast hierzu das leichte, flache Glasdach mit shedartig gestellten weißen Glaslamellen (Brises Soleil), das über dem Gebäude förmlich zu schweben scheint und die Räume mit Tageslicht versorgt. Die Mauern sind mit kleinformatigen Natursteinplatten aus argentinischem Porphyr verkleidet. Das vulkanische Gestein wurde seiner feinen Maserung, vor allem aber auch aufgrund seines rötlichen Farbtons gewählt. Es kommt dem für die Region charakteristischen, aber poröseren und wenig haltbaren Sandstein nahe, der dem Basler Münster sein charakteristisches Aussehen gibt. An den beiden Schmalseiten des Baus setzen sich die Außenmauern zunächst als Pfeiler, sodann als niedrige Mauern im Gelände fort. Unterstrichen wird dergestalt die Verbindung zwischen Architektur und Natur. Ganz bewusst zielt Piano hier auf die Assoziation des Steins der Gebäudemauern als geologisches Element.

Vier parallele Wände im Abstand von etwa 7 m tragen das Gebäude und strukturieren den dreischiffigen Innenraum. Die beiden schmalen Stirnseiten sind durchgehend verglast und geben den Blick in den Garten frei. Fast der gesamten westlichen Längsseite vorgeblendet ist ein schmaler Wintergarten, der Ausblick in die umgebende Landschaft bietet und zum Lesen oder Entspannen vorgesehen ist. In wenigen Museen dürfte der Aufenthalt in ähnlicher Weise zu einem fast meditativen ästhetischen Erlebnis arrangiert worden sein. Einer der Höhepunkte: Einer der Räume, die sich durch eine wandhohe Glasfront zum Seerosenteich öffnen, ist einem der großen Monetschen Seerosengemälde vorbehalten, dem ein in der Länge korrespondierendes Sofa gegenüber steht. Wer sich hier niederläßt, den werden um die Mittagszeit die impressionistischen Klänge Claude Debussys überraschen.

Zahlreiche technische Raffinessen des Gebäudes bleiben dem Besucher verborgen, so die Beleuchtung. Sie wird durch die Stahlkonstruktion des mehrschichtigen, 4.000 qm großen Glasdaches ermöglicht, das die Aufgaben der Lichtführung, Lichtsteuerung und der klimatischen Regulierung übernimmt. Das Tageslicht wird nicht, wie sonst bei Oberlichten üblich, zu milchiger Weichheit homogenisiert, sondern als unverfälschtes Naturlicht, als sogenanntes Zenitallicht, eingelassen. Die schräg gestellten Lamellen verhindern gleichwohl das Eintreten von zuviel direktem Sonnenlicht. Eine zweite darunter liegende Schicht Metalllamellen wird per Computer im Einklang mit künstlichen Lichtquellen gesteuert. In dem Zwischenraum zwischen Dachhaut und den Räumen befindet sich eine separate Klimaanlage, die als »Energiepuffer« wirkt. Die eigentliche Klimaanlage befindet sich unter dem Fußboden und arbeitet nach dem Prinzip der Quelllüftung: Die aufbereitete Luft wird über einen Doppelboden durch Auslassgitter dem Raum zugeführt. Im Deckenbereich wird die verbrauchte Luft gesammelt und zur Energierückgewinnung weitergeleitet.

Das Museum umfasst im Erdgeschoss 18 unterschiedlich große Ausstellungsräume, die nach einer Erweiterung des Baus auch Räume für Wechselausstellungen umfassen. Entsprechend der Gesamtform sind die Räume überwiegend von länglichem Zuschnitt; ihr Raster beträgt etwa sieben mal elf Meter. Zwischen ihnen besteht keine streng vorgegebene lineare Folge, sondern lediglich eine ungefähre Besucherlenkung. In lockerer Folge reihen sich die Räume, ausgehend von einer Art Forum in der Mitte, aneinander. So wird zwischen dem überkommenen Prinzip geschlossener Säle und der Idee des fließenden Raumes die Balance gehalten. Die einzelnen Räume selbst verzichten auf sichtbare technische oder gestalterische Details. Auffallend allein ist der Fußboden in heller französischer Weißeiche. Im abgedunkelten Untergeschoss ist ein weiterer 33 qm großer multifunktionaler Saal für Wechselausstellungen, insbesondere Installationen und neue Medien, eingerichtet. Renzo Piano, der 1998 den Pritzker-Preis, den höchsten Architektur-Preis, erhalten hat, hat in der Sammlung Beyeler bei Verzicht auf eine durch sichtbare Technik oder extravagante Formen auffallende Architektur eine harmonische Gesamtkomposition erreicht, die in ihrem Umgang mit den Kunstwerken in ihrer Art Maßstäbe setzt.

Die Sammlung Beyeler, entstanden in den fünfziger Jahren und 1982 in eine Stiftung überführt, präsentiert rund 160 Werke von 33 Künstlern der Klassischen Moderne. Ernst Beyeler zur Entstehung der Sammlung: »Die Sammlung ist ohne feste Absicht entstanden. Sie ergab sich zunächst aus der Bestückung unseres Hauses mit Bildern und dann durch unsere Tätig-

Museum im Park
Fondation Beyeler
Eingangsfront

keit«. Beyeler hatte nach dem Krieg zunächst als Antiquar begonnen, dann aber die Tätigkeit als Kunsthändler aufgenommen und schon 1947 eine erste Ausstellung mit japanischen Holzschnitten durchgeführt. »Ich habe von Anfang an versucht, an große Namen heranzukommen«, erzählt Beyeler, »was aber auch damals nicht leicht war. Zumal es mir an internationalem Publikum fehlte. Viele kannten nicht einmal den Namen Basel. Um international bekannter zu werden, habe ich Sommerausstellungen gemacht. Ich nannte sie Maitres de l'Art moderne, habe dazu Kataloge herausgegeben. Mit ihnen habe ich die Händler erreichen und sie auf mich aufmerksam machen können. In diesen Sommerausstellungen waren Künstler vom Impressionismus, auch mal Bonnard und Renoir, bis zu Picasso, Klee und Giacometti vertreten. Giacometti, den ich damals in der Schweiz noch nicht verkaufen konnte. Es herrschte ein gewaltiger Nachholbedarf, die Aufbruchstimmung war groß. Und die Preise waren damals noch so, daß die Sammler hier – Anwälte, Ärzte, Direktoren aus der Chemieindustrie – mithalten konnten. Und das hat mich wiederum festgehalten, obschon ich mir manchmal überlegt habe, anderswo hinzugehen, nach London, Paris oder New York.«

Das Ergebnis nach fast 50 Jahren Sammlertätigkeit ist eine eindrucksvolle Schau der Klassischen Moderne. Sie setzt ein mit Werken des Spätimpressionismus, besitzt ihr gewichtiges Zentrum jedoch in Picasso. Repräsentative Werkgruppen sind Joan Miró, Henri Matisse, Wassily Kandinsky, Paul Klee, Piet Mondrian und Francis Bacon gewidmet. Vorläufiges Ende bildet die amerikanische Farbfeldmalerei (Newman, Rothko, Tobey) und die Deutschen Anselm Kiefer und Georg Baselitz. Ein einzelner Raum ist allein den Figuren Giacomettis vorbehalten. Eine exotische Bereicherung stellen ausgewählte Skulpturen aus Afrika und Ozenanien dar. Insgesamt dominiert das singuläre Einzelwerk; die Sammlung konzentriert sich auf die gerahmte Leinwand, verzichtet weitgehend auf die konzeptionelle Richtung Duchamps und die Installationskunst. Ein knappes Drittel der Ausstellungsfläche wird für zwei bis drei Wechselausstellungen genutzt, die in einem engen Bezug zur Sammlung stehen und der Auseinandersetzung mit Gegenwartskunst gewidmet sind.

Fondation Beyeler
Baselstraße 101
CH-4125 Riehen/Basel
Telefon
+ 41 (0) 61/6 45 97 13
Internet
www.beyeler.com

Öffnungszeiten:
mo-so 10 - 18 Uhr
mi 10 - 20 Uhr

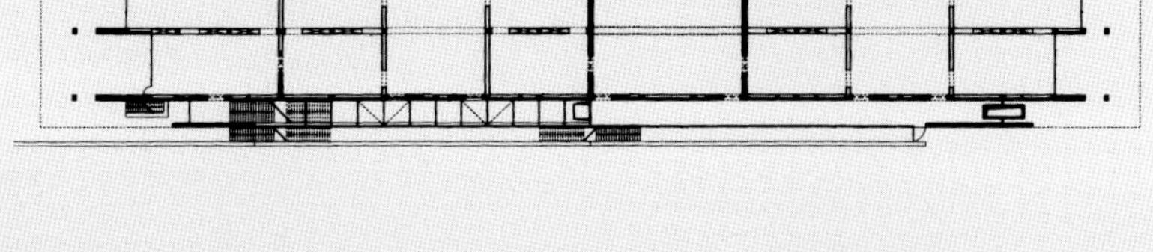

MARIO BOTTA

Museum Tinguely
Flussseite, gläserner
Aufgang „La barca"

Die Poesie der Maschinen

MUSEUM JEAN TINGUELY, BASEL

Eine gerne gestellte Frage von Kritikern im Museum Jean Tinguely in Basel lautet: Warum überhaupt ein Museum für Tinguely, ein poetisches Enfant terrible, der alles Museale ablehnte und Museen als »Friedhöfe der Kunst« bezeichnete? Der sein Werk, jene phantastischen, ratternden, surrenden, schlagenden und pfeifenden Maschinenungetüme aus Blech auch schon einmal wieder zerstört und in ihre Elemente zerlegt sehen wollte? Tinguely, der Poet des Maschinenzeitalters, wird als Programmatiker des Augenblicks tituliert. In seinem Manifest »Für Statik«, das er 1959 in 150.000 Exemplaren über der Stadt Düsseldorf aus dem Flugzeug abgeworfen hatte, formulierte er: »Es bewegt sich alles, Stillstand gibt es nicht. Fort mit den Stunden, Sekunden und Minuten. Hört auf, der Veränderlichkeit zu widerstehen. Seid in der Zeit – seid statisch. Widersteht den angstvollen Schwächeanfällen, Bewegtes anzuhalten, Augenblicke zu versteinern und Lebendiges zu töten. Atmet tief, lebt im Jetzt!«

Museum Tinguely
Parkseite mit mächtigem Portikus

Tinguely gehörte zur internationalen Avantgarde der fünziger und sechziger Jahre und gilt als einer der bedeutendsten Schweizer Künstler der zweiten Hälfte des 20. Jahrhunderts. Die Radikalität seines Aufbruchs in jungen Jahren läßt sich auch als Zeiterscheinung bewerten, die einer posthumen Würdigung nicht entgegen stehen sollte. Tinguelys Lebensgefährtin Niki de Saint Phalle, mit der er seit 1960 zusammenlebte, gab 1991, nach dem Tod des Künstlers, den Nachlass, bestehend aus über 50 Plastiken, zahllosen Gouachen und Zeichnungen, als Schenkung für ein Museumsvorhaben, das Person und Werk würdigen sollte. Verschiedene Baseler Freunde, darunter Sophie Sacher, die Schwiegertochter des Gründers der Firma Hoffmann-La Roche, setzten im Verbund mit dem Basler Chemieunternehmen die Idee schließlich um. Vom renommierten Tessiner Architekten Mario Botta ließ man einen repräsentativen Bau errichten, der anlässlich des hundertjährigen Firmenjubiläums der Stadt übergeben wurde. In Basel hatte Tinguely nicht nur viele Jahre lang gelebt, sondern war hier mit einer Reihe von Werken präsent, nicht zuletzt dem 1977 vor dem Rathaus errichteten Fasnachtsbrunnen.

Der Standort des Museums Tinguely ist ausgesprochen reizvoll. Der rechteckige Bau, der mit seiner Schmalseite unmittelbar an das südliche Basler Rheinufer grenzt, erhebt sich am Rande eines langgestreckten Parks namens Solitude und nimmt dort ein ausgedehntes Areal zwischen dem Rhein, einer parallel verlaufenden Verkehrsader und einer Autobahnbrücke über den Rhein ein. Auf den ersten Blick steht das Museum, in einem auffallendem Gegensatz zum beweglichen, mal heiteren, mal melancholischen Werk Tinguelys. Es ist eine massive Brückenstahlkonstruktion, die auf einer in die Erde gelassenen Wasseraufbereitungsanlage aufsitzt. Während die hoch aufragende östliche Fassade zur Autobahn – mit drei Ausstellungsetagen der höchste Teil des Museums – eine Art Lärmschutzbarriere darstellt und auf der nördlichen Schmalseite eine vorgelagerte Querwand einen Vorhof bildet, sind die längliche Park- und die Flussseite die beiden eindeutigen Schauseiten. Markantestes Element des Baus ist La barca, eine verglaste Außenrampe in Form eines Schiffsrumpfes, eine kühne Stahlkonstruktion, die aus dem Bau heraus- und über den Fluss ragt und die Besucher in die Ausstellungsräume führt. Zum Park, wo sich der Eingang befindet, öffnet sich der wuchtige, rosafarbene Sandsteinbau mit einem majestätischen fünfschiffigen Portikus. Zwischen seinen massiven Stützen erlauben Glasfronten den Blick in die imposante Haupthalle erlauben, die den größten Teil des Erdgeschosses einnimmt. Die ersten drei dieser Schiffe sind über die ganze Höhe verglast, so dass Innen und Außen, die Objekte einerseits, der Park mit seinen Bäumen und dem Teich andererseits, in einen spürbaren Bezug gebracht sind. Hierzu trägt am meisten eine Schwimmwasserplastik Tinguelys im Teich bei, die den Dialog mit den Werken im Inneren aufnimmt. Hier wird die Massivität des Baus am überzeugendsten ins Spielerische überführt.

Auch im Inneren stellt die Architektur Bottas in mancher Hinsicht den Kontrapunkt zu den chaotischen, dekonstruktiven Objekten Tinguelys dar. Ihre Materialität betonend, bildet sie den eher gravitätischen Hintergrund für die spielerischen Werke Tinguelys. Das Gros der 3.000 qm Ausstellungsfläche wird von der imposanten 60 m langen Halle eingenommen, die durch absenkbare, aus der Decke herausragende Zwischenwände gegliedert ist. In ihrer Dimension erinnert sie an eine Flugzeughalle; sie gewinnt Dank des hellen Parkettfußbodens und der Farbigkeit der Objekte jedoch eine freundliche Atmosphäre. Hier sind die großen, bis zu 20 m langen und 4 m hohen, bunten Räderwerke (Meta-Harmonien) zu sehen, zu hören und

Museum Jean Tinguely, Basel
Paul-Sacher Anlage 1
CH-4002 Basel
Telefon
+ 41 61/6 8193 20
internet
www.tinguely.ch

Öffnungszeiten:
mi-so 11–19 Uhr
24., 25., 31. Dezember
und 1. Januar geschlossen

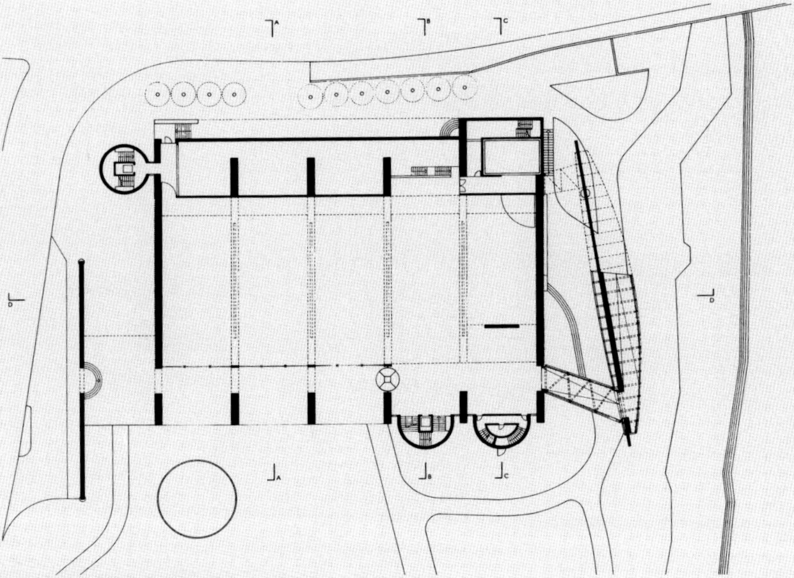

Museum Tinguely. Tinguelys große Installationen genießen viel Platz im großen ebenerdigen Ausstellungsraum.

– zur Freude aller Kinder – auch zu besteigen. Zunächst wird der eintretende Besucher allerdings auf einen Rundgang geschickt, der über die erwähnte Außenrampe auf eine Galerie führt, die die Halle in ihrer gesamten Länge überblickt. In ihr befinden sich die kleinformatigen Werke Tinguelys, charmante und zum Schmunzeln verleitende Objekte aus den fünfziger, sechziger und siebziger Jahren, die in chronologischer Folge den Entwicklungsgang des Künstlers aufzeigen. Einige dieser Kompositionen lassen sich per Knopfdruck in Bewegung setzen. Ein Höhepunkt sind sicherlich die sogenannten Balubas, Kompositionen aus Tierfedern, Metallstücke und Stofffetzen, zu Phantasiefiguren arrangiert und von Motoren in Bewegung gesetzt. Man verläßt diese Ebene über einen Treppenaufgang, der in die obere Etage führt. Hier befinden sich klassische, mit seitlichem Oberlicht versehene Ausstellungsräume, die in der Regel für Wechselausstellungen genutzt werden. Das abgedunkelte und nur mit künstlichem Licht versehene Untergeschoss enthält einige der großen Installationen, darunter *Pit Stop* (1984), eine Rennsport-Installation, die unter Verwendung von Film- und Videoprojektionen an den umliegenden Wänden Geschwindigkeit und Zeitlichkeit thematisiert. Im Nachbarraum sieht man sich mit *Mengeles Totentanz* konfrontiert, einem Installationsgerippe, bestehend aus den Überresten eines abgebrannten Bauernhofes in der Nähe von Tinguelys Atelier in Frankreich –, Traktoren, Gebälk, Tierschädel.

Obwohl Bottas Architektur vor allem in ihrem äußeren Erscheinen dominant wirkt, bietet sie im Inneren den Kunstwerken doch einen passenden, insgesamt zurückhaltenden Rahmen. Die Garderobe und der Museumsshop sind im Erdgeschoss von der großen Halle seitlich abgegrenzt, das Restaurant im Untergeschoss zur Rheinseite separat zugänglich, während die Verwaltung ganz ausgelagert wurde. Vergleichbar Renzo Pianos Museumsbau im Stadtteil Riehen (Fondation Beyeler) auf der anderen Seite der Schweizer Kunstmetropole spielt auch hier die Farbigkeit der Innen- und Außenraumgestaltung wie der grau lasierte Parkettboden der Haupthalle und der rotschattierte Sandstein eine wichtige Rolle. Das Tinguely-Museum gibt sich im Unterschied zur Fondation Beyeler jedoch gravitätischer. Mario Botta, der bereits mit der Kunstgalerie Watari-um in Tokio und dem Museum of Modern Art in San Francisco als Museumsarchitekt überzeugen konnte, demonstriert mit seinen Museen ebenso wie in seinen Kirchenbauten einen Zug zum Feierlichen und Erhabenen. Tinguely, dessen Arbeiten man eigentlich eher in einer Fabrikhalle vermuten würde, stellt er derart gewissermaßen auf ein Podest und betont den poetischen Ernst seines Œuvres.

HILMER UND SATTLER

Berliner Gemäldegalerie, Außenansicht

Alte Meister

GEMÄLDEGALERIE, BERLIN

Die 1998 eröffnete neue Berliner Gemäldegalerie enthält mit den vereinigten, vormals in Dahlem und im ehemaligen Ostberliner Bodemuseum getrennt aufbewahrten Beständen eine der bedeutendsten Gemäldesammlungen der Welt. Als der Bau der Münchner Architekten Heinz Hilmer und Christoph Sattler, die 1986 den Wettbewerb gewonnen hatten, eröffnet wurde, sprach man von einem »Triumph der Bilder« und bewunderte zu Recht die vor allem lichttechnisch kaum zu übertreffende Präsentation der alten Meisterwerke. So glücklich man allenthalben über die Zusammenführung der Sammlung war, so gibt doch die Wahl des Ortes bis heute zu Überlegungen Anlass. Das in den späten siebziger und achtziger Jahren zwischen Potsdamer Platz und Neuer Nationalgalerie errichtete Westberliner Kulturforum, in das der neue Galeriebau integriert ist, kann als architektonisch-städtebauliche Einheit heute nicht mehr überzeugen. Damals war es das Ziel, auf westlicher Seite ein der Museumsinsel im Osten ebenbürtiges Pendant zu schaffen. Nach der Vereinigung, die auch in dieser

Berliner Gemäldegalerie
Seitenfront mit
zweigeteilter Fassade

Hinsicht eine neue Situation geschaffen hat, gibt es Überlegungen, die älteren Teile (bis 1900) der prächtigen Bildersammlung im Sinn einer historischen Gesamtschau aller Künste wieder auf die Museumsinsel zu verlagern.

Der Galeriebau nimmt eine frei gebliebene Eckpartie des nach den Plänen des Architekten Rolf Gutbrod erbauten weiträumigen Kulturforums ein. Mit Kunstgewerbemuseum, Kupferstichkabinett und nun der Gemäldegalerie vereint das »Kulturforum« bedeutende Institute, präsentiert sich nach außen jedoch, dem damaligen Stil entsprechend, als unübersichtlicher Betonkomplex. Der Eingangsbereich gegenüber der Scharounschen Konzerthalle ist eine betonierte Schräge, deren »Charme« sich »allenfalls Skateboardfahrern erschließt« (FAZ). Nur auf seiner Rückseite und seitlich in Richtung der Neuen Nationalgalerie gibt sich die Galerie als eigenständiger Bau zu erkennen. Eine lange Front, in die der Altbau der Villa Parey integriert ist, schließt hier entlang einer Nebenstraße das Kulturforum blockhaft ab. Die zweigeteilte Fassade – über einem zweifarbigen Rustikasockel aus Granit erhebt sich eine von einzelnen Fenstern durch-

Berliner Gemäldegalerie,
Ausstellungsraum
Gedämpftes Oberlicht
für die Meisterwerke.

brochene Terracottawand – kann als Anspielung auf die Palazzobauten der Florentiner Renaissance verstehen werden. Unglücklich ist der von der Straße zurückgesetzte Eingangsbereich, der durch ausladende Rampen nahezu »unsichtbar« gemacht ist und so auf die Gemäldegalerie nicht aufmerksam machen kann. Durch die Integration in den Gesamtkomplex hat man sich der Chance einer Darstellung nach außen genommen, die dem Rang des Hauses entsprechen würde.

Das ausgedehnte Foyer des Kulturforums, das man, um in die Galerie zu gelangen, durchqueren muss, zeigt ein vergleichsweise nüchternes Ambiente, das verstaubt wirkt und eher an Stadtbibliotheken erinnert. Seitlich an den Rand gerückt, befindet sich hier der Eingang zur Gemäldegalerie, die man durch ein achteckiges, helles Atrium betritt, das als Verbindungsraum zwischen Alt- und Neubau fungiert. Von hier führt der mittlere Durchgang in den architektonisch markantesten Raum, die langgestreckte zentrale Halle, um die sich in doppelter Reihung hufeisenförmig die Ausstellungsräume gruppieren. Hier, in der hellen Säulenhalle, erlangt die Architektur Autonomie und unternimmt den reizvollen Versuch, Post-

Berliner Gemäldegalerie
Zentrale Halle

moderne mit einer an den Typus des Palazzobaus erinnernden Funktionalität zu verbinden. Dieser bilderlose Kern der Galerie besitzt einerseits eine traditionelle Verteilungs- und Orientierungsfunktion, andererseits ist er gedacht als Ort der Kontemplation, der eine Pause der Bildbetrachtung ermöglichen soll und durch eine umlaufende Holzbank auch zum Ausruhen einlädt. Bewusst folgte man der Forderung Leo von Klenzes, »man soll zu jeder Abteilung unmittelbar und ohne zuvor durch den Anblick anderer Bilder ermüdet zu werden gelangen können«. Aufgelockert nur durch eine zentrale Brunnenskulptur von Walter de Maria und optisch beherrscht durch kreisrunde Deckenöffnungen, die bei Sonnenschein ein virtuoses Lichterspiel auf Fußboden und Wänden erzeugen, wirkt die Wandelhalle jedoch ein wenig kühl. Fraglich ist, ob »unterschiedliche Bewegungen und Verhaltensweisen der Menschen in der Galerie sich entfalten« lassen, wie es Absicht der Architekten war. Die Weite und Großzügigkeit des Museums wird durch diese Wandelhalle mit ihrem orientalischen Touch jedoch eindrücklich unterstrichen.

Die Galerieräume dagegen entschädigen für das nüchterne Entree. Das Licht konzentriert sich hier auf die Bilder, die in 53 unterschiedlich großen Oberlichtsälen und Kabinetten eine ungewöhnliche Intensität gewinnen. Dies ist unter anderem der lichtabsorbierenden Eigenschaft der samtenen, bis zu Zweidrittel der Raumhöhe einnehmenden Wandbespannung zuzuschreiben, die in grauer, roter, grüner und stahlblauer Tönung die Bilder unaufdringlich umgibt. Mehrfach gefiltert fällt das Licht durch ausgedehnte Glasdächer in gleichmäßiger, durch hohe Vouten gestreuter Helligkeit in den Raum und läßt die Tages- und Witterungsunterschiede dabei wahrnehmbar werden; es gibt nahezu keine Spiegeleffekte. Der Boden ist aus dunklem Eichenholz, die Sitzbänke aus hellerem Kirschbaum. Die Raumgestaltung bietet den edlen Rahmen für den zuvor getrennten, fulminanten Bestand der Bildersammlungen, die auf 7.330 qm Ausstellungsfläche bei Tageslicht optimal präsentiert werden.

Von den 1.600 Dahlemer und den 1.300 Bode-Bildern sind insgesamt 1.500 gehängt, davon 400 in der sogenannten Studiengalerie im Untergeschoss. Im Unterschied zu dynastischen Sammlungen wurde die Sammlung der Berliner Gemäldegalerie enzyklopädisch, nach kunsthistorischen Gesichtspunkten konzipiert. Der Archäologe Aloys Hirt, auf dessen Vorschlag noch Ende des 18. Jahrhunderts der Aufbau der Sammlung zurückgeht, Friedrich Schinkel, der mit dem Bau des Alten Museums den ersten repräsentativen Ort für die neue Sammlung schuf, und Gustav Friedrich Waagen, der erste Direktor, wählten unter den durch die preußische Regierung erfolgten Ankäufen im Hinblick darauf aus, das Publikum nicht nur zu erfreuen, sondern vor allem zu belehren. Entsprechend war es das Ziel, einen Überblick über sämtliche Schulen zu erreichen. Unter Wilhelm von Bode, der 1872 Direktor wurde, erlangte die Sammlung Weltgeltung, die sie trotz des großen Verlustes 1945, als 434 Bilder verbrannten, nicht verlor.

Die Berliner Galerie ist beiderseits der zentralen Halle konventionell in nördliche und südliche Schulen getrennt und bietet damit einen doppelten chronologischen Durchgang vom 13. bis zum 18. Jahrhundert, um sich in den Räumen der gegenüberliegenden Schmalseite mit der Malerei der Niederlande und Englands aus dem 17. und 18. Jahrhundert zu verbinden. Der nördliche Rundgang, der mit der deutschen Malerei beginnt, kann sich vieler Höhepunkte rühmen, von denen die Malerei der frühen Flamen einen Schwerpunkt bildet. Im Mittelpunkt stehen Rogier van der Weyden, Jan van Eyck und Hans Memling, sodann die spätere große Epoche der niederländischen Malerei - Jacob Ruysdael, Peter Paul Rubens und Rembrandt, von dem 16 Werke zu bewundern sind, während Franz Hals mit vier Hauptwerken vertreten ist. Die italienische Malerei vom 14. bis zum 18. Jahrhundert ist mit Meisterwerken unter anderem von Pollajuolo, Luca Signorelli, Raffael und Tizian ebenfalls hervorragend vertreten, um nur einige der wichtigsten Namen zu nennen.

Gemäldegalerie Staatliche Museen zu Berlin
Kulturforum, Berlin Tiergarten
Matthäikirchplatz
D-10785 Berlin
Telefon
+49 (0) 30/2 66 21 00
internet
www.smb.spk-berlin.de

Öffnungszeiten:
di-fr 10-18 Uhr
(do 10-20 Uhr)
sa / so 11-18 Uhr

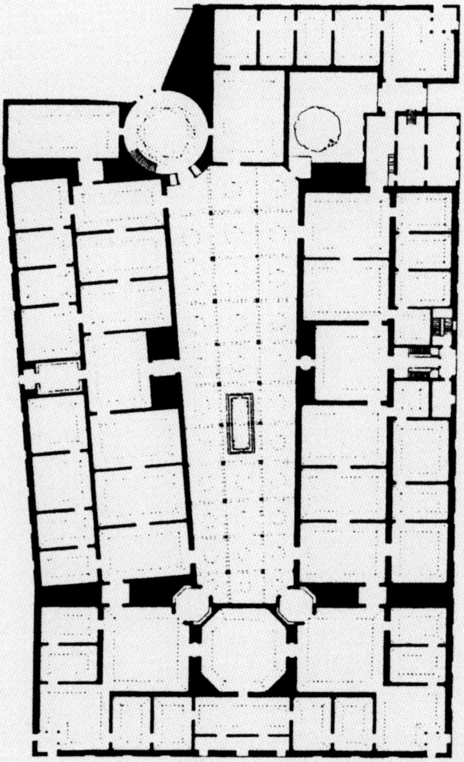

INTERVIEW MIT CHRISTOPH SATTLER

Das Büro Hilmer & Sattler hat sich im Museumsbau bereits mehrfach profiliert. Neben der Gemäldegalerie ist es in Berlin mit der Umwandlung von Schinkels Altem Museum auf der Museumsinsel für die Antikensammlung, zusammen unter anderem mit David Chipperfield, zuständig. Andere Projekte waren die Modernisierung des Gropius-Baus, der Umbau des Stüler-Baus in Charlottenburg für die Sammlung Berggruen sowie in Münster das private Picasso-Museum für graphische Arbeiten.

Welchen Stellenwert besitzt der Bau der Berliner Gemäldegalerie für Sie?
Die Berliner Gemäldegalerie ist auf Grund der Bedeutung der Sammlung der wichtigste Bau, den wir erstellen durften. Der Schwerpunkt Museen hat sich in Folge des Auftrags für die Gemäldegalerie entwickelt, die von der Kritik weitgehend positiv beurteilt wurde.

Was halten Sie von den neuen Überlegungen zur Gemäldegalerie und einem Umzug eines Teils der Sammlung auf die Museumsinsel?
Ich denke, ein Umzug wäre für die Sammlung insofern ein Nachteil, als die Museumsinsel eine solche zusammenhängende, ruhige Ausstellungsfläche wie sie am Kulturforum möglich ist, nicht bieten würde. Zum anderen wird man dort dieselbe Qualität an Tageslicht nicht erreichen können. Und schließlich würde der Zusammenhang der Sammlung, so wie sie historisch gewachsen ist, durch die Teilung verloren gehen.

Sie haben bei der Beschreibung der Gemäldegalerie Bezug genommen auf Georg Baselitz und seinen Aufsatz – »Vier Wände und Oberlicht«. Welche Bedeutung hat dies für Ihre Arbeit?
Der Baselitz-Text stellt eine knappe Reflexion über das Urthema des Museums dar, das im späten 18. und frühen 19. Jahrhundert bekanntlich als öffentliches Gebäude beginnt. Durchgesetzt hat sich – vor allem in Deutschland – der Typus des großen, repräsentativen Gebäudes mit Oberlichtbeleuchtung, wie es in den Bauten von Schinkel, vor allem von Klenze und später von Semper umgesetzt wurde. Entsprechend dieser Tradition ist das Thema Licht für uns Ausgangspunkt der Überlegung, wie man ein Gebäude für Gemälde tauglich machen kann. Zunächst hatten wir zwar für

die Gemäldegalerie in den Kabinetten Seitenlicht vorgesehen – ähnlich wie in der Alten Pinakothek in München –, in der Diskussion mit dem Bauherrn, Herrn Dube, haben wir uns gewissermaßen radikalisiert und uns ganz auf Oberlicht verlegt. In der Gemäldegalerie beträgt die durchschnittliche Lux-Zahl 400 bis 500. Aber in diesem Punkt haben sich die Grundsätze der Konservatoren in den letzten Jahren grundsätzlich geändert, die nun auch einen Jahresdurchschnitt erlauben. Das bedeutet, man kann in der Berechnung zum Beispiel die geschlossenen Tage mit einkalkulieren und entsprechend an manchen Tagen – dies ist der Reiz unseres Gebäudes – auch einmal 1000 Lux zulassen. Bei Zeichnungen ist es natürlich anders.

Warum ist Oberlicht so wichtig?

Entscheidend ist, dass man in keinem der Räume das Gefühl hat, sich in einem Bunker aufzuhalten. Natürlich ist diese Form der Beleuchtung ungleich teurer als Kunstlicht, zum einen wegen der Konstruktion selbst, zum anderen der klimatechnischen Gründe wegen, weil die mit dem Licht eingedrungene Wärme wieder zu entfernen ist. Ein grundsätzliches Problem ist: Wie lässt sich Tageslicht erreichen, so dass man noch wahrnimmt, wenn eine Wolke die Sonne verdunkelt ?

Wer entscheidet über die innere Gestaltung, im Fall der Gemäldegalerie zum Beispiel über die Wandbespannung?

Die Entscheidung über die Gestaltung der Ausstellungsräume war ein langer Prozess, bei dem wir unter anderem mit dem Bauherrn zusammen auch über die Auswahl der Farben für die Wandbespannung diskutiert haben. Zuerst hatten wir eine farbige Wandbespanung erst für den Zeitraum ab etwa 1600 vorgesehen. Dann wurde es immer musealer und wir entschieden uns dafür, die alten Präsentationsbedigungen in toto nachzuahmen. Die Skulptur von Walter de Maria in der zentralen Halle war ein Vorschlag von uns. Diesen zentralen Bereich, wo man sich trifft und von dem aus man die Räume betritt, wollten wir im Prinzip von Kunstwerken freihalten, aber immerhin doch auch durch ein zeitgenössisches Kunstwerk beleben. Man hätte sicherlich zum Beispiel auch die Gobelin-Sammlung hier hängen können. Wir haben uns jedoch anders entscheiden, um dem tatsächlich riesigen Museum einen gewissen Atem und eine gewisse Gelassenheit zu geben.

Welche Rolle spielt für Sie grundsätzlich der Inhalt des Museums?

Die Sammlung hat wesentlichen Einfluss auf die Art des Gebäudes. Aber bestimmte Grundüberlegungen gelten wohl für alle Museumsbauten, vor allem die Raumproportionen, die Raumhöhen, und die Raumabfolgen. Und, um wieder auf das Licht zu sprechen zu kommen, Vouten sind lichttechnisch einfach von entscheidendem Vorteil. Alle Versuche, hier zu neuen Lösungen zu kommen, um nicht die Assoziation des 19. Jahrhunderts provozieren – zum Beispiel in der Londoner National Gallery, bei Raphael Moneos Museum in Stockholm oder bei der Sammlung Essl in Wien - sind lichttechnisch einfach schlechter.

Welchem Stil würden Sie sich zurechnen?

Vor Jahrzehnten war ich bei Mies van der Rohe im Büro in Chicago. Aber den größten Einfluss auf uns hatte vielleicht die Wiener Moderne. Im übrigen glaube ich, dass wir uns heute stilistisch in einer manieristischen Phase befinden, wo die gesamten Erfindungen des 20. Jahrhunderts in verschiedenen neuen Varianten verarbeitet werden. Gehry interessiert sich für die Merzbauten von Schwitters, wir für Behrens und Adolf Loos. Dies sind alles Reflexionen über die heroische Zeit der Moderne, aber nicht mehr in der Art der Postmoderne, als man nur mit Motiven gearbeitet und nicht das architektonische werk als komplexen Zusammenhang gesehen hat.

JOSEF PAUL KLEIHUES

Hamburger Bahnhof
Berlin, Eingangsfront

Ein Bahnhof für die Kunst

HAMBURGER BAHNHOF, BERLIN

Berlins 1996 eröffneter Hamburger Bahnhof, Museum für Gegenwart, ist seinem Namen zum Trotz ein Bau mit Vergangenheit. Als Industriegebäude aus der Mitte des 19. Jahrhunderts, das andererseits auch eine eigene Geschichte als Museum vorweisen kann, repräsentiert das Haus eine originäre Form der Vermittlung von Historie und Gegenwart. 1845 bis 1847 von dem Eisenbahningenieur Friedrich Neuhaus errichtet, war der Hamburger Bahnhof in der zweiten Hälfte des 19. Jahrhunderts Endpunkt der Eisenbahnlinie Hamburg – Berlin, bevor er durch den größeren Lehrter Bahnhof ersetzt wurde. Durch die beiden Rundbögen des Kopfbahnhofs, durch die man heute das Museum betritt, fuhren einst die Lokomotiven, um in dem jetzigen Innenhof auf einer Drehscheibe gewendet zu werden. Bereits Ende des Jahrhunderts verlor der Bau seine ursprüngliche Bestimmung und diente zunächst als Verwaltungsgebäude, bevor er 1906 zu einem Verkehrs- und Baumuseum umgestaltet wurde. Aus dieser Zeit stammt die auch heute noch beeindruckende dreischiffige Stahlkonstruktion, in der der Architekt Ernst Schwartz in den beiden Seitenschiffen die Gleisführung durch die erhöhte Bodenpartie erkennbar beließ und so die ehemalige Funktion im Bewusstsein hielt. Anfang des 20. Jahrhunderts wurden die beiden Seitenflügel in stilistischer Entsprechung zum neoklassizistischen Hauptbau hinzugefügt. Im Zweiten Weltkrieg stark beschädigt, verfiel der Bau zunächst in eine Art Dornröschenschlaf, bis in den achtziger Jahren erste Pläne für eine erneute Nutzung als Museum entwickelt wurden. Josef Paul Kleihues, der in Stuttgart, Berlin und an der Pariser École des Beaux-Arts lernte und den neben der Hauptwerkstatt der Berliner Stadtreinigung (1969–76) vor allem Museumsbauten, darunter das Museum für Vor- und Frühgeschichte in Frankfurt sowie Wettbewerbsbeiträge für Düsseldorf und Hannover bekannt gemacht haben, hat die gesamte Anlage denkmalpflegerisch behutsam restauriert. Dies gilt vor allem für die große zentrale Halle sowie die beiden Seitenflügel, die als Ausstellungsfläche bzw. Restaurant ausgebaut wurden. Als wesentliche neue Hinzufügung wurde der Bau um zwei symmetrisch angeordnete seitliche Galerien ergänzt. Bisher konnte jedoch aus finanziellen Gründen nur die östliche Galerie realisiert werden.

Der Besucher betritt das Museum durch einen zur Tiergartenstraße sich öffnenden Ehrenhof. Der gibt mit den historisierenden Fassaden des Kopfbaus und der beiden Seitenflügel sowie der in der Mitte angelegten, von einem gepflegten Kiesweg umgrenzten Grünanlage mehr der Vergangenheit den Vorzug – was in Anbetracht der expressis verbis der Gegenwart gewidmete Institution doch eher überrascht. Man durchquert den schmalen, als Zwischenzone fungierenden Kopfbau, in dem Kasse, Buchhandlung und Garderobe nebeneinander liegen, bevor man die leicht tiefer gelegene Halle betritt. Dieses imposante Monument der Industriearchitektur mit einer Grundfläche von 29 x 71 m und den schlanken Stahlgerippen der Deckenkonstruktion zeichnet eine Ästhetik aus, die die technisch-funktionalen Elemente zu einem Muster an Eleganz erhebt. Den optischen Eindruck dominieren die dunkelgrau gestrichenen Gelenkbögen als Funktionselemente mit stark dekorativem Charakter sowie die wandhohe, halbrunde Glasfront der Stirnseite, die im Zusammenklang mit den Ober- und Seitenlichtern der Seitenschiffe die kathedrale Erscheinung mit Licht überfluten.

Industriearchitektur. Hamburger Bahnhof, Stahlkonstruktion in der großen Ausstellungshalle.

Angesichts der Größenverhältnisse lag es nahe, hier großformatige Objektkunst auszustellen, wobei die ausgewählten Werke in auffallender Weise der feierlichen Architektur angepaßt sind. Die wuchtig-massive *Volkszählung* mit ihren Bleifolianten und der Bleibomber *Mohn und Gedächtnis,* beide von Anselm Kiefer, Richard Longs mittig angeordneter Steinkreis *Berlin Circle* korrespondieren farblich mit dem architektonischen Rahmen, ebenso wie der Glasiglu von Mario Merz *(La Goccia d'Aqua)* auf die Glasfront in seiner Nähe Bezug nimmt. Dieser Zusammenklang der in ihrem gepflegten, historisierenden Technizismus etwas geglättet wirkenden Halle mit den Kunstwerken blieb in der Kritik umstritten: »Idealer Ort«, »ästhetische Balance«, »sakrales Gesamtkunstwerk« einerseits, »geschmäcklerische« und »sterile« Ausstellungsform, die die »Kunst zum Dekor« werden läßt, lauteten die Urteile in der Kritik. Tatsächlich stehen die Kunstwerke in ihren »existentiellen Gehalten«, wie der Leiter des Hauses, Jörg Makarinus, betont, in einer gewissen Spannung zu der »gleichmäßigen und gleichmütigen Noblesse« des Industriedenkmals. Ästhetische Erscheinung wie Aussage dieser Werke der Gegenwartskunst verlieren durch die optische Annäherung an den eleganten räumlichen Rahmen an Prägnanz. Vielleicht hätte es sich in diesem Ambiente eher angeboten, technische Objekte oder abstrakte Gemälde des frühen 20. Jahrhunderts zu präsentieren.

Ein seitlicher Durchgang verbindet die Halle mit der von einem matt-gläsernen Kuppeldach überspannten neuen Galerie, die mit hellem Eichenparkett ausgelegt wurde und in ihrer Form an das klassische Galeriemuster erinnert. Mit einer Länge von knapp 80 m übertrifft sie sogar noch die der großen Halle und entwickelt aufgrund ihrer geringeren Breite eine Raumwirkung von großer Dynamik, die der ehemaligen Funktion des Hauses tatsächlich gut entspricht. Hier reihen sich die Gemälde der Pop Art-Künstler Andy Warhol, Robert Rauschenberg und Roy Lichtenstein aneinander. Gekrönt werden sie an der Stirnseite von Warhols Popikone des »Großen Vorsitzenden« Mao – eine Art der Hängung, die, ob bewusst oder nicht, den gesamten Ausstellungsraum mit einer ironischen Note versieht.

Hamburger Bahnhof
Museum für Gegenwart Berlin
Invalidenstraße 50-51
D-10557 Berlin
Telefon
+ 49 (0) 30/3 97 83 40
Internet
www.smb.spk-berlin.de

Öffnungszeiten:
di-fr 10-18 Uhr
do 10-22 Uhr
sa / so 10-18 Uhr

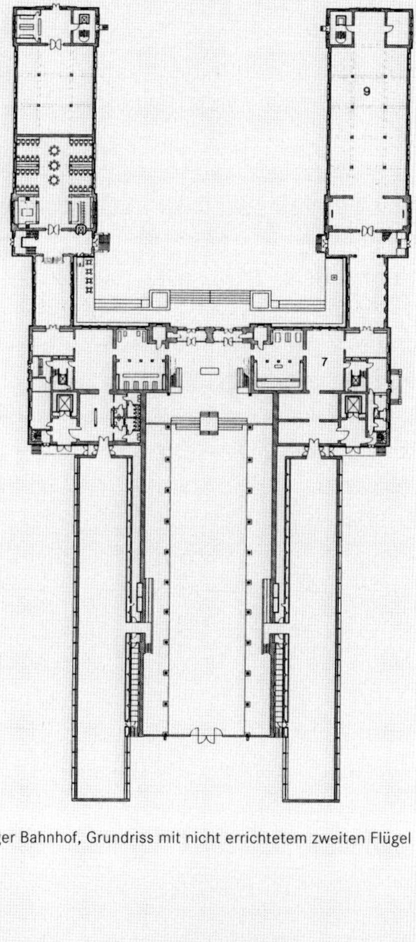

Hamburger Bahnhof, Grundriss mit nicht errichtetem zweiten Flügel

Außer in Sonderausstellungen sind im Hamburger Bahnhof überwiegend Werke aus der Sammlung des Berliner Industriellen Erich Marx zu sehen. Die Sammlung besitzt mit Werkkomplexen von Joseph Beuys, Warhol, Rauschenberg, Cy Twombly und Kiefer ihre Schwerpunkte. Die Werke von Joseph Beuys belegen die beiden Etagen eines der beiden Seitenflügel: Im Obergeschoss hat ein großes Konvolut von mehr als 400 Zeichnungen seinen Platz gefunden, während die historisierenden Räume des Untergeschosses von den großen Installationen, darunter *Richtkräfte, Straßenbahnhaltestelle* und *Das Ende des 20. Jahrhunderts* beherrscht werden. Das Obergeschoss des Kopfbaus zwischen den Flügeln ist in kleinere Oberlichtsäle unterteilt, in denen die Gemälde von Twombly im Mittelpunkt stehen.

Das Museum mit den Beständen der Sammlung Marx präsentiert keinen kunstgeschichtlichen Überblick, sondern einzelne Schlaglichter. Eine der überraschenden Besonderheiten des Hauses sind eine Reihe von Werken, die für das Haus speziell angefertigt wurden: von Gerhard Merz der in glutoranger Farbe ausgemalte Treppenaufgang *Cadmium Orange,* von Günther Uecker der vernagelte Durchgang zur (noch nicht errichteten) Westgalerie, im Hof die Steine mit Namen von Aidsopfern von dem Amerikaner Tom Fecht. Den stärksten Effekt haben die blau-grün und violett leuchtenden Neonröhren an den Außenfassaden von Dan Flavin, die in markantem Kontrast zum hellen Stein des historischen Gebäudes zum Markenzeichen des Museums geworden sind. Zu seiner Vollendung allerdings bedarf es dringend der geplanten zweiten Galerie, die hoffentlich bald realisiert werden kann.

BEHNISCH, BEHNISCH & PARTNER

Pavillonensemble: Außenansicht des langgestreckten, vielfach gegliederten Buchheim-Museums

Museum der Phantasie

SAMMLUNG BUCHHEIM, BERNRIED

Nach vielen Jahren der Suche hat Lothar-Günter Buchheim, Schriftsteller, Verleger, Filmautor und seit Jahrzehnten leidenschaftlicher Sammler, einen Ort für seine Kunstschätze gefunden: ein Seegrundstück am Westufer des Starnberger Sees, das von hohen Bäumen gesäumt zum See hin abfällt. An diesem sanft bewegten Ufergelände in der Nachbarschaft des idyllischen Klosters und Ortes Bernried ließ sich Buchheim ein überwiegend vom Freistaat Bayern finanziertes Museum (Baukosten knapp 40 Mio. DM) errichten, das in der Kombination von malerischer Voralpenlandschaft, harmonisch sich einfügender Architektur und der bunten Exotik der Buchheimschen Sammlungen seit seiner Eröffnung im Frühjahr 2001 bereits zu einem der beliebtesten Ausflugsziele geworden ist. Der Ort, zweifellos einer der landschaftlich schönsten Flecken der Gegend, scheint nach der langen Standortsuche, die zeitweise Buchheims Geburtsort Weimar, dann Duisburg und Chemnitz und schließlich das nahe Feldafing vorsah, der ideale Ort für Buchheims »Museum der Phantasie«.

Museum am See. Landungs- bzw. Panoramasteg der Sammlung Buchheim

Auf dem unteren, seenahen Teil der großen Hirschwiese, die sich auf 90 Hektar bis zur Privatklinik Höhenried am höchsten Punkt des Geländes erstreckt, hat der Stuttgarter Architekt Günter Behnisch eine kurioserweise ursprünglich für Feldafing konzipierte, vielfach gegliederte und senkrecht zur Uferlinie verlaufende langgestreckte Anlage errichtet. Das Pavillonensemble passt sich harmonisch der Uferlandschaft an und verzichtet weitgehend auf expressive Gestik. Das Rückgrat der Anlage bildet ein zweistöckiger, von den einzelnen funktionalen Teilen des Museums flankierter Erschließungsgang, der in der gewagten Spannbetonkonstruktion einer langen Terrasse ausläuft, die auf einer Höhe von 12 m wie ein monumentaler Landungssteg über dem Ufer in den See hinaus ragt.

Zwei turmartige, sechs- bzw. fünfgeschossige Aufbauten strukturieren, die Vertikale betonend, die insgesamt 130 m lange Anlage. Die unteren Ebenen, in denen ein Depot und ein Vortragssaal Platz finden, sind in den Hang hinein gebaut, die Höhe der beiden Türme an den Bäumen, die das Grundstück begrenzen, orientiert. Sämtliche Baukörper sind flachgedeckt. Eine geschwungene Brüstung vor dem Eingang geht fließend in den

Weg zum Museum über. Behnisch, der seit den frühen fünfziger Jahren in Stuttgart ein eigenes Büro leitet, und mit dem Münchner Olympiastadion vor 30 Jahren einen Markstein der Nachkriegsarchitektur in Deutschland gesetzt hat (weitere wichtige Bauten: Umbau des Stuttgarter Schlossplatzes, Gestaltung der Königstraße, Umbau des Deutschen Bundestages in Bonn) hat kein avantgardistisches Architekturdenkmal geschaffen, sondern ein an die sechziger Jahre erinnerndes, an den landschaftlichen Gegebenheiten sich orientierendes Ensemble, in enger, wenn auch offenbar nicht immer unproblematischer Abstimmung mit Buchheim.

Ein Museum für die Sinne hatte sich Buchheim vorgestellt, das Dank seiner Lage und Aufgliederung abwechslungsreiche und bezaubernde Ausblicke bietet. Der Eingang zum Museum erfolgt ebenerdig am oberen Ende. Der Hauptachse des Ganges folgend, wird man seitwärts, aufwärts und abwärts zu den verschiedenen Abteilungen geleitet, kann von den zahlreichen Balkonen in alle vier Himmelsrichtungen blicken und auf der stegartigen Aussichtsterrasse hoch über dem Schilfufer des Sees das Panorama genießen. Von der Spitze der Terrasse läßt sich der See nahezu vollständig überblicken, vom Nord- bis zu seinem Südende, wo die Szenerie in einem imposanten Gebirgsschauspiel ihren Abschluss findet. Die Außenfronten des Buchheim-Museums dominieren die Materialien Holz und Glas sowie die auskragenden, weiß verputzten Balkone mit ihren an Schiffsrelinge erinnernden Geländern. Während der den Gesamtkomplex strukturierende lange Gang seine Achsenfunktion durch eine durchgehende Glasfront hindurch zu erkennen gibt, umhüllen hellbraune, honigfarbene, horizontal angeordnete Lärchenplanken die beiden Turmbauten. Entlang der Hauptachse gruppieren sich, durch Treppen erschlossen, die verschiedenen Museumsbereiche: nach Süden weisend ein halbrundes, in das Parkgelände übergehendes Restaurant, gegenüber die zwei großen Ausstellungssäle. Beide reichen bei einer lichten Höhe von 6,5 m über zwei Etagen, sind durch schmale Säulen unterteilt und lediglich durch zwei schmale geschosshohe Fenster nach außen geöffnet. Sie erhalten überwiegend Oberlicht, das durch die geneigten, shedartigen Dachaufbauten zu einer auch für lichtempfindliche Graphik geeigneten Helligkeit reduziert werden kann. Die Ausstellungssäle wie die Gänge sind mit Parkett aus massivem Eichenholz ausgelegt.

Sammlung Buchheim
Museum der Phantasie
Am Hirschgarten 1
D-82347 Bernried
Telefon
+ 49 (0) 8158/99 70 60
internet
www.buchheimmuseum.de

Öffnungszeiten:
April – Oktober
mo-fr 10–18 Uhr
sa / so 10–20 Uhr
November – März
di-fr 10–17 Uhr
sa / so 10–18 Uhr

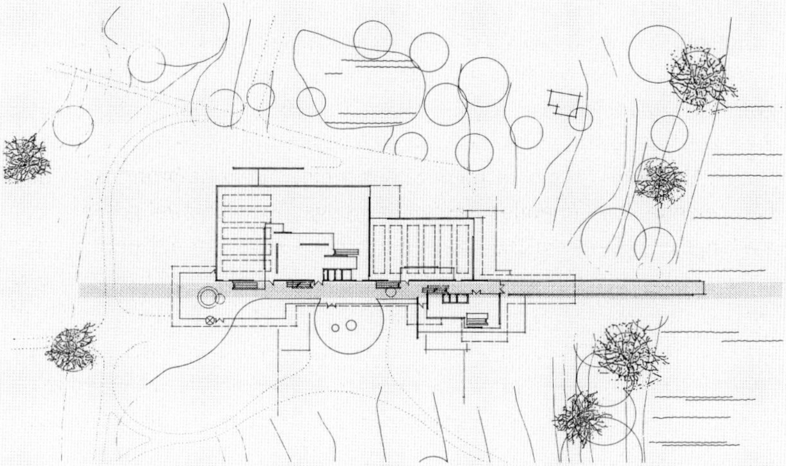

Das Museum der Phantasie präsentiert auf insgesamt 3.000 qm das ganze Spektrum der Pretiosen und Raritäten der Buchheimschen Bestände. Im Gegensatz zu einer in den neuen Museen weithin dominierenden intellektualistischen Gegenwartskunst wollte Buchheim mit der Vermischung von Hochkunst und Volkskundlichem urwüchsige Potentiale als Ferment des Kunstschaffens ans Licht bringen. »Die Leute«, so der Sammler nach seiner Expressionisten-Vorschau im Münchner Haus der Kunst, »haben die Bevormundung von Minimal Art, Installationen und solchen Jux satt. Sie wollen wieder das saftige Stück Fleisch und nicht die Pille, von der sie gesagt bekommen, da wären alle Nährwerte drin.« So kommt die kunstpädagogische Handschrift Buchheims durch die Zusammenstellung unterschiedlichster Arbeiten und Exponate in Bernried denn auch voll zur Geltung.

Die beiden Hauptsäle sind der wertvollen Expressionistensammlung vorbehalten, den Werken der Künstlergruppe »Brücke«, Ernst Ludwig Kirchner, Erich Heckel, Karl Schmidt-Rottluff und Max Pechstein, den Einzelgängern Max Beckmann und Otto Dix mit einer hervorragenden Sammlung von Aquarellen und Grafiken sowie auf der Galerie mehreren Arbeiten von Lovis Corinth. In gemischter Hängung sind neben den Gemälden auch Künstlerbücher, Mappenwerke und vor allem viele der herausragenden zeichnerischen Arbeiten zu sehen, Holzschnitte, Lithographien und Radierungen. Für die Präsentation eines Großteils der Arbeiten sind Stellwände errichtet worden. In den kleineren Räumen der beiden mehrstöckigen Türme hat Buchheim sein weit gespanntes Konglomerat an Raritäten, an völker- und volkskundlichen Exponaten aus Afrika und Ozeanien untergebracht. Masken sind dort zu sehen, Wandteppiche oder auch einmal eine Werbetafel eines afrikanischen Friseurs. Die dritte Abteilung nennt sich Zirkus Buchheim, ist eine Kinderattraktion und umfasst Poster, Flipperautomaten, eine wunderbare Menagerie geklebter Blätter und ein Karussel aus geschnitzten Sperrholzpferden.

FRANK O. GEHRY

Ein Walfisch am Rio Nervion

GUGGENHEIM MUSEUM, BILBAO

Der riesige Walfisch hat sich mitten in Bilbao, direkt am Ufer des Nervion niedergelassen; seine mächtige Schwanzflosse hat sich an der Stadtautobahn verhakt, die den Fluss überspannt. Oder ist der Wal vielmehr doch ein gestrandetes Riesenschiff? Der bis heute größte und spektakulärste Bau von Frank O. Gehry ähnelt einem ans Land versetzten Fisch, der wie andere seiner phantastischen Bauskulpturen – man denke an die Fischskulptur im olympischen Hafen von Barcelona oder den neuen Zollhof in Düsseldorf – am Wasser, in der Nähe von Häfen und Flussufern seine kurvigen Schatten wirft. Auch in Bilbao hat Gehry seinem vielleicht wichtigsten Motiv durch eine dekorative, silbrig schimmernde Titanzinkhaut assoziativen Nachdruck verliehen. Der schillernde Schuppenpanzer umhüllt den größten Teil des ausgedehnten Baukomplexes und verleiht den verwirrend verschachtelten kubistischen Aufbauten ihren funkelnden Zauber. Das Guggenheim Museum jedenfalls ist zum neuen Wahrzeichen der alten Hafenstadt geworden.

Guggenheim-Museum
Aussenansicht mit
Panoramaterrasse

Guggenheim-Museum großer Ausstellungssaal (Stahlschlange von Richard Serra)

Bilbaos neues Museum ist sicherlich der aufsehenerrendste Museumsbau der letzten Jahre. Dies gilt als erstes für die Architektur. Neu und beispielgebend ist auch die Leih- und Ausstellungspraxis durch das New Yorker Mutterhaus, das mit seinem Prinzip, die eigenen in den Magazinen schlummernden Bestände leihweise rund um die Welt zu schicken, den Museumsbetrieb in Zukunft verändern dürfte. Das neue Museum in Bilbao bietet zudem ein ideales Beispiel für die Bedeutung, die Kunstmuseen mittlerweile für Städte und Regionen besitzen. Innerhalb von zwei Jahren haben seit der Eröffnung des Hauses im Oktober 1997 mehr als zweieinhalb Millionen Besucher das Haus bestaunt – ein großer Teil von ihnen aus dem Ausland –, die damit nicht nur die touristische Infrastruktur befördert, sondern das Image der Stadt und das Selbstverständnis ihrer Bewohner verwandelt haben. Bilbao, das als Industriestadt bisher weder mit natürlichen noch kulturellen Attraktionen mit anderen Metropolen des Landes konkurrieren konnte, sieht sich nun in die Phalanx internationaler Kulturmetropolen aufgerückt, die von Kunst- und Museumsvereinen als Bestandteile der Reiseziele angeboten werden. Insofern dürften sich die Erwartungen der Stadtväter und der baskischen Regionalregierung erfüllt haben, die sich den Bau des Hauses 275 Millionen DM kosten ließen.

Das Museumsprojekt war Teil eines 1989 aufgelegten 1,5 Milliarden Dollar-Programms, das der unter Arbeitslosigkeit leidenden Stahl- und Schiffsindustrie-Stadt eine neue Perspektive zu geben versuchte: Im Zuge der Erneuerung wurden ein neues Kongress-Zentrum errichtet, eine U-Bahn-Linie erhielt vom englischen Architekten Norman Foster entworfene avantgardistische Eingänge, das Flughafengebäude wurde neu errichtet (Santiago Calatrava) und entlang der Uferpromenade des Nervion - dort, wo sich seit kurzem eine filigrane Fussgängerbrücke (ebenfalls Calatrava) über den Fluss wölbt - ersetzt der Amerikaner Cesar Pellis die brüchigen Industrieanlagen durch neue Wohnsiedlungen.

Neben den anderen architektonischen Highlihts setzt den auffälligsten Akzent das Guggenheim Museum, dessen Bedeutung für die Stadt der Leiter der New Yorker Guggenheim-Stiftung Thomas Krens mit jener der Kathedrale für Chartres oder des Opernhauses für Sydney verglichen hat. Eine von der Baskischen Regierung und dem Museum gegründete regionale Stiftung leitet das Haus, dessen Ausstellungsstücke vom New Yorker Mutterhaus leihweise gegen eine Gebühr zur Verfügung gestellt werden. Parallel dazu hat die spanische Dependance in den vergangenen Jahren eine eigene Sammlung aufzubauen begonnen. Das Museum kann sich nach eigenen Angaben zu 70 Prozent selbst finanzieren, der Freundeskreis umfasst mehr als 130 Unternehmen.

In Bilbao hat Gehry die vom Bauherrn aufgegebene Integration des Museums in das städtische Umfeld geleistet, indem er das Gebäude am Flussufer platzierte und einen Teil des langgestreckten Baukörpers unterhalb der Stadtautobahn über den Nervion weiterführte, um den Schauturm jenseits der Brücke in den Himmel hochzuziehen. Nicht zuletzt diese Vorliebe für Symbolik verrät die von Gehry selbst immer wieder betonte künstlerische Haltung: »Meine Künstlerfreunde - Jasper Johns, Bob Rauschenberg, Ed Kienholz und Claes Oldenburg - arbeiten mit sehr preiswerten Materialien wie Abfallholz und Papier und schufen damit Werke von großer Schönheit. Die Malerei besitzt eine Unmittelbarkeit, nach der ich in der Architektur vergebens suchte. Ich erforschte die Herstellung neuer Baumaterialien und versuchte, Formen Gefühl und Geist zu verleihen. Auf der Suche nach dem Wesentlichen in meinem eigenen Ausdrucksvermögen stelle ich mir vor, ich wäre ein Künstler, der vor einer weißen Leinwand steht und darüber nachdenkt, wie der erste Schritt aussehen soll.«

Es ist Gehrys Affinität zur bildenden Kunst, offensichtlich am meisten zur Plastik, die seinen Gebäuden ihren spielerischen Charakter verleiht. »Zu sagen, dass ein Gebäude eine bestimmte architektonische Haltung einnehmen muss, ist zu engstirnig: am besten ist es, wenn man dem Plastischen einen praktischen Zweck verleiht.« Dass sich Gehrys scheinbar leichtes Formenspiel jedoch exakter Berechnung verdankt, gehört zur anderen Seite seiner Arbeit. Das CATIA-Computerprogramm einer französischen Fluggesellschaft zur Kartographie der geschwungenen Oberflächen von Fugzeugjets erlaubt die Berechnung von architektonischen Formen, die man in statischer Hinsicht kaum für möglich halten möchte. Für jeden Stahlteil, jede Fuge und jedes Loch, so hat Gehry einmal betont, kann man mit Hilfe des Programms den Stahl mit einer Genauigkeit von sieben Dezimalstellen berechnen. Die geradezu berauschende Wirkung solcher Exaktheit läßt sich am eindrücklichsten im Herzstück des Museums, dem Atrium, nachempfinden, das mit seinen 55 m Höhe das New Yorker Guggenheim der 60er Jahre eineinhalb mal übertrifft. Hier bilden Brücken und Stege, Emporen, riesige gekurvte Säulenformationen, stählerne Fenstergerippe und gläserne, in die Lüfte schwebende Aufzüge ein futuristisches, wild bewegtes Formenspiel, während der helle, ockerfarbene Kalkstein des Bodens, der Wände und der Säulen im unteren Bereich die Gestaltung des Äußeren aufnimmt und eine ruhigere Wirkung ausübt. Mehrere Durchgänge führen von hier in die separaten Ausstellungskomplexe, in einen über drei Etagen reichenden Museumsshop sowie durch eine gläserne Front auf eine wunderbar platzierte, unmittelbar an den Fluss grenzende Terrasse.

Von der gesamten bebauten Fläche von rund 24.000 qm sind rund 10.000 qm Ausstellungsfläche. Die nahe liegende Frage, wie sich die Architektur zu den Kunstwerken verhält, läßt sich einheitlich nur schwer beantworten. Insgesamt dominiert zweifellos die Architektur über die ausgestellte Kunst. Eine der architektonischen Sensationen des Museums, eine säulenlose, wellenförmig geschwungene, 130 m lange Halle, die auf großformatige Installationen zugeschnitten ist, wirkt in ihrer durch zahlreiche Brücken und Rippen zerfurchten Deckenkonstruktion so stark, dass es selbst die Stahlschlange Richard Serras, immerhin 31 m lang und 4 m hoch, schwer hat, zur Geltung zu kommen. Hingegen sind die ebenfalls speziell für das Haus gestalteten, in einem Seitenraum des Atriums installierten Schriftbänder der New Yorker Konzeptkünstlerin Jenny Holzer

Mächtige Formationen. Guggenheim-Museum, Atrium

perfekt auf die baulichen Gegebenheiten zugeschnitten. Die Mehrzahl der auf den drei Ebenen verteilten 19 Ausstellungsräume sind jedoch traditionelle rechteckige weiße Räume, die wechselweise Oberlicht oder Kunstlicht oder, im Erdgeschoss, seitlich einfallendes Naturlicht erhalten und sich architektonisch eher unauffällig verhalten.

Überwiegend wird das Museum von Wechselausstellungen bespielt, die in der Regel vom Mutterhaus in New York übernommen werden. Etwa ein Viertel der Räume ist einer im Einzelfall ebenfalls variierten, aber in ihrer inhaltlichen Ausrichtung permanenten Sammlung vorbehalten. Ziel dieses Teils ist es, einen historischen Überblick über die wesentlichen Entwicklungen der Kunst des 20. Jahrhunderts zu bieten. Es beginnt mit der Klassischen Moderne und erlesenen Einzelwerken von Wassily Kandinsky, von dem die Guggenheim Foundation mehr als 40 Arbeiten besitzt. Es folgen Werke von Hans Arp, Paul Klee, Fernand Léger und Joan Miró, der deutsche Expressionismus und kubistische Gemälde. Als weitere Höhepunkte folgen Werke des Abstrakten Expressionismus von Willem de Kooning, Cliford Still, von Mark Rothko und Franz Kline; ein weiterer Schwerpunkt ist die amerikanische Pop Art, der einer der großen Räume des Erdgeschosses vorbehalten ist. Der Riesenbestand, über den die 1937 gegründete Guggenheim-Stiftung verfügt, wird durch die präsentierten Werke in Bilbao oft nur angedeutet. Die in das Museum gewissermaßen integrierte Übersicht über die wichtigsten Epochen des Jahrhunderts scheint eine Konzession an traditionelle Museumskonzeptionen zu sein, die von der Mehrheit der Besucher vermutlich gerne gesehen wird.

Guggenheim Museum Bilbao
Abandoibarra Et. 2
E-48001 Bilbao
Telefon
+ 34/9 44 35 90 00
Internet
www.guggenheim-bilbao.es

Öffnungszeiten:
di-so 10 - 20 Uhr
Juli - August
mo-so 9 - 21 Uhr

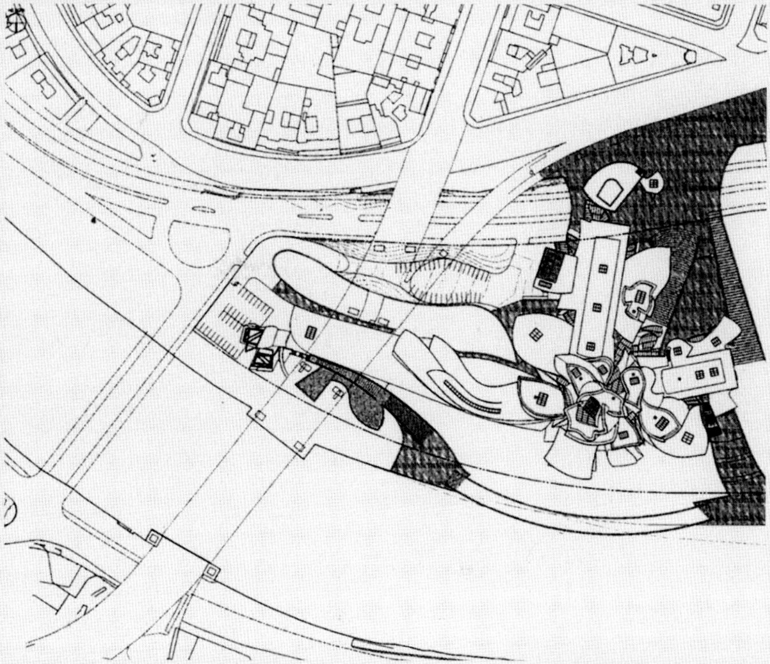

AXEL SCHULTES / GUSTAV PEICHL

Verspielte Festung. Kunst- und Ausstellungshalle der Bundesrepublik Deutschland, Eingangsfront

Hauptstadtmuseen am Rhein

KUNSTMUSEUM UND KUNST- UND AUSSTELLUNGSHALLE DER BUNDESREPUBLIK DEUTSCHLAND, BONN

Als im Sommer 1992 das Bonner Kunstmuseum zusammen mit der benachbarten Kunst- und Ausstellungshalle der Bundesrepublik Deutschland feierlich eröffnet wurden, lag eine gewisse Melancholie in der Luft. Berlin war kurz zuvor im Bundestag zur zukünftigen Hauptstadt gekürt worden und die Hauptstadtrolle Bonns, die durch die neue Museumsmeile in Sichtweite von Kanzleramt, Ministerien und Abgeordnetenhaus ursprünglich eine repräsentative Beglaubigung erfahren sollte, damit endgültig mit einem Verfallsdatum versehen worden. So sind denn die beiden imposanten und ehrwürdigen Bonner Kunsttempel als großzügiges Abschiedsgeschenk des Bundes an die Stadt zu verstehen (Baukosten 128 Mio. DM für die Ausstellungshalle, 120 Mio. DM für das Kunstmuseum), die ihre neuen Institutionen seitdem mit weit geringerer finanzieller Unterstützung als früher mit Leben zu erfüllen hat.

In seinen architektonischen Grundzügen besitzt das Kunstmuseum von Axel Schultes (Bürogemeinschaft Bangert, Jansen, Schulz, Schultes, Berlin) fast exemplarischen Charakter für eine Museumsarchitektur, wie sie beispielsweise in der neuen dritten Münchner Pinakothek von Stephan Braunfels Anknüpfungspunkte findet. Transparenz, Großzügigkeit und eine gewisse Feierlichkeit sind die Insignien dieser repräsentativen Architektur, die Schultes, der vor allem in Berlin baut (Krematorium am Baumschulenweg, Spreefelsen, Berliner Kanzleramt), grundsätzlich anzustreben scheint. Die ursprüngliche Absicht, in Bonn durch Errichtung anspruchsvoller Kunstmuseen den Kulturanspruch des Staates in moderner und weltläufiger Manier zu demonstrieren, erklärt den großzügigen Charakter der Doppelanlage. Sie nimmt eine ausgedehnte Fläche zwischen der Bundesstraße von Bonn nach Bad Godesberg und den parallel verlaufenden Bahngleisen ein. Beide Bauten, das Kunstmuseum Schultes und die Kunsthalle des Wieners Gustav Peichl, passen sich bei aller Unterschiedlichkeit in ihrer Grobstruktur einander an: Zwei jeweils quadratische Umrisse, voneinander durch eine regelmäßig bepflanzte Freifläche getrennt, bilden entlang der Friedrich-Ebert-Allee die Achse, die 1994 durch das Haus der Geschichte eine Verlängerung erfuhr. Die 18 rostbraunen Stahlsäulen, die vor der Kunsthalle die Allee säumen, symbolisieren die Bundesländer.

Obwohl beide Häuser in ihrer quadratischen Grundrissform und kubischen Grundstruktur einen ähnlich gravitätischen Eindruck machen, bleibt ihre Nachbarschaft spannungsvoll. Einander ähnlich sind sie sich in der hellen Farbigkeit ihrer Aussenhaut: Weisser Kalk umhüllt den Block der Kunsthalle, und die Weissbetonfronten des Kunstmuseums sind mit einer Sandsteintapete versehen, die der Kühle des Materials eine Tönung verleiht. Während die Kunsthalle aber wie ein geschlossener Block wirkt, dessen hermetische Abgeschlossenheit durch einen schmalen Eingangsschlitz und eine Reihen schmaler Fenster und horizontale Reihen kleiner schießschartenartiger Öffnungen noch gesteigert wird, ist Schultes Kunst-

Kunst- und Ausstellungs-
halle der Bundesrepublik
Deutschland,
Ausstellungsraum

Kunst- und Ausstellungshalle,
innere Eingangsfassade

museum von Durchlässigkeit und Transparenz bestimmt. Dies gilt vor allem für die zur Kunsthalle weisende Front. Sie ist durch einen diagonalen Einschnitt, der auf eine Glasfront in Fassadenhöhe zuläuft, aufgebrochen. Ein Museumsrestaurant öffnet sich unter einem von hohen, schlanken Säulen getragenen, segelförmigen Vordach zur Freifläche. Schräg dahinter erlaubt die Front sogar den Durchblick bis ans andere Ende des Quadrats. Die Straßenfront erweist sich somit als langer schmaler Vorbau – er beherbergt die Verwaltungsräume –, der eine Art inneren Vorplatz von der Straße abschirmt.

Wie eine Festung hingegen erscheint der 96 x 96 m messende Block der Kunsthalle. Die zum Kunstmuseum weisende Eingangsfront öffnet sich lediglich einem schmalen Durchgang, der in einen dreieckig geschnittenen Innenhof führt. Eine mittig angeordnete, schmale Freitreppe, die in der Form einer Rampe aufs Dach führt, unterstreicht auf dieser Seite zusätzlich den Festungscharakter. Auf dem für Besucher zugänglichen rasenbedeckten Dach, gewissermaßen der fünften Front und Schauseite des Baus, ragen drei weithin sichtbare blaue Spitzkegel (Nicki de Saint-Phalle) in die Höhe. Das Wahrzeichen des Hauses verleiht dem Bau seine heitere Note. Einerseits Symbole der Künste der Architektur, Malerei und Skulptur sind die Hütchen zugleich Reminiszenzen an den Ort, der früher als Zirkusgelände diente, und andererseits fungieren sie als Lichtkegel, die Tageslicht in die Ausstellungsräume leiten.

Das Innere der Ausstellungshalle ist in eine etwa 10 m tiefe Randzone, hauptsächlich für Serviceeinrichtungen, und eine zentrale Zone gegliedert, die wiederum in ein weiträumiges Foyer, eine große Halle, eine offene Atriumhalle und ein Auditorium unterteilt ist. Die Ausstellungsräumlichkeiten im Erdgeschoss und der ersten Etage sind im Hinblick auf eine sowohl räumlich wie lichttechnisch flexible Nutzung konzipiert und bestehen aus mehrheitlich kleinen oder mittelgroßen Räumen. Partiell sind sie mit durch die Lichtkegel einfallendem Tageslicht, im Atrium auch durch seitliches Tageslicht versorgt; es überwiegt jedoch Kunstlicht. Die Kegel des Daches sind nicht die einzigen eher spielerischen Elemente der Architektur. Die wellenförmige Eingangsfront des Innenhofes, die von der Musterung im Pflaster der Freifläche vor dem Museum eingeleitet wird, die rampenartigen Treppenaufgänge auch im Inneren, die Kreise schlanker Säulen unterhalb der Kegelöffnungen – hier verwirklicht sich eine Variabilität der Form,

Segeldach auf Säulen. Kunstmuseum, Vorhalle

Treppe als Stundenglas. Kunstmuseum, zentraler Treppenaufgang

Kunstmuseum, Inneres

die der Architektur ihre spezifische Note gibt. Peichl wurde 1969 durch seinen Entwurf für den ORF bekannt, der ähnliche Anlagen in weiteren sechs österreichischen Städten folgten.

Das Kunstmuseum gegenüber gibt sich klassischer und klar gegliedert. 19 Ausstellungsräume beanspruchen genau eine der beiden Dreieckshälften der quadratischen Grundfläche. Sie wird begrenzt durch eine Diagonale, die als wichtigstes Strukturmoment »den kompakten musealen Bauteil von Sammlung, Depots und Werkstätten über die zentrale Treppe mit den im zweiten Dreieck freiräumig gegliederten Elementen, dem Foyer, Zugängen, der Information, der Cafeteria, der Verwaltung etc.« (Schultes) verknüpft. Drei Eingänge führen von verschiedenen Seiten in das niedrige Foyer, das mit grauen, rauhen Gneisplatten ausgelegt ist. Während seitlich eine Treppe ins Souterrain zum Auditorium führt, zieht an der Schnittlinie der beiden Dreiecke die zentrale Rundtreppe in Form eines Stundenglases die Aufmerksamkeit auf sich. Hinter ihr im Erdgeschoss schließen sich an das Foyer relativ niedrige Ausstellungsräume an, die die Gemälde August Mackes und des rheinischen Expressionismus sowie die graphische Abteilung enthalten.

Die Oberlichträume im Obergeschoss, die gleichmäßiges Tageslicht durch nördlich ausgerichtete, in quadratische Stege unterteilte Sheds erhalten, sind dem zweiten Schwerpunkt des Hauses gewidmet, der deutschen Kunst nach 1945. Nach der gedämpften Atmosphäre des Erdgeschosses ist die Wirkung der hellen Räume deutlich großzügiger. Es sind weisse, überwiegend große Räume, deren Seitenverhältnisse von 1 : 1 zu 1 : 2,5 variieren. Die Durchgänge befinden sich jeweils an den Seiten, wodurch die meist großformatigen Arbeiten den angemessenen Freiraum erhalten. Harmonisch wirkt das Verhältnis von offenen und geschlossenen Flächen. Mehrere wandhoch verglaste Fronten, die sich nach Süden auf den Freiplatz zwischen den beiden Museen und in östlicher Richtung zur Allee hin öffnen, erweitern die Raumwahrnehmung, ohne die Konzentration auf die Werke einzuschränken. Etwa in der Mitte der Raumfolge öffnen sich zwei Glasfronten zu einem leider nicht zugänglichen quadratischen Innenhof mit einem kleinen Skulpturenpark. Eine eindeutige Führungslinie gibt der Bau nicht vor. Die ständige Sammlung ebenso wie die acht gegenüberliegenden Räume für Wechselausstellungen sind in beliebiger Reihenfolge begehbar. Trotz der ungewöhnlichen Gesamtanordnung verzichtet Schultes wie beim traditionellen Enfiladenschema nicht auf Durchblicke über mehrere Säle hinweg: Vom Treppenausgang sind in beide Richtungen der Diagonale die Endpunkte erkennbar.

Das Bonner Kunstmuseum gewinnt – trotz der Wechselausstellungen, die es in einem Teil bietet und gelegentlicher umfassender Sonderschauen – sein Profil durch die beiden Sammlungsschwerpunkte, im Erdgeschoss durch die Bilder und Zeichnungen August Mackes, die Vitrinen mit Beuys-Multiples, und mit Graphiken von Max Ernst. Im Obergeschoss werden die wichtigsten deutschen Gegenwartskünstler teilweise mit Werkgruppen geradezu gefeiert. Georg Baselitz nimmt eine herausragende Stellung ein. Sein *Straßenbild*-Zyklus scheint auf den sich zur Allee öffnenden blickenden Raum zugeschnitten zu sein. Die großformatigen Werke Gotthard Graubners, Imi Knoebels, Anselm Kiefers, die Bilder Sigmar Polkes aus der Sammlung Grothe – die malerischen Werke der erfolgreichen deutschen Künstler der letzten Jahrzehnte haben selten einen ähnlich großzügigen, geradezu weihevollen Rahmen erhalten wie in den souveränen Raumfluchten des Bonner Kunstmuseums.

Kunst- und Ausstellungshalle der Bundesrepublik Deutschland
Museumsmeile
Friedrich-Ebert-Allee 4
D-53113 Bonn
Telefon
+ 49 (0) 2 28 / 9 17 12 00
Internet
www.kah-bonn.de

Öffnungszeiten:
di / mi 10 - 21 Uhr
sa / so 10 - 19 Uhr

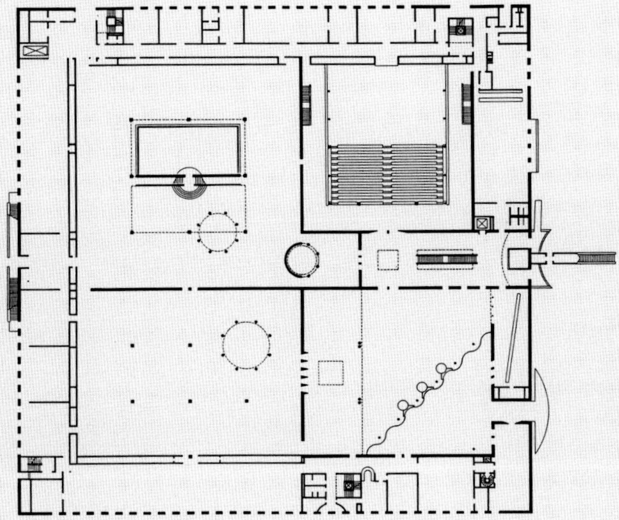

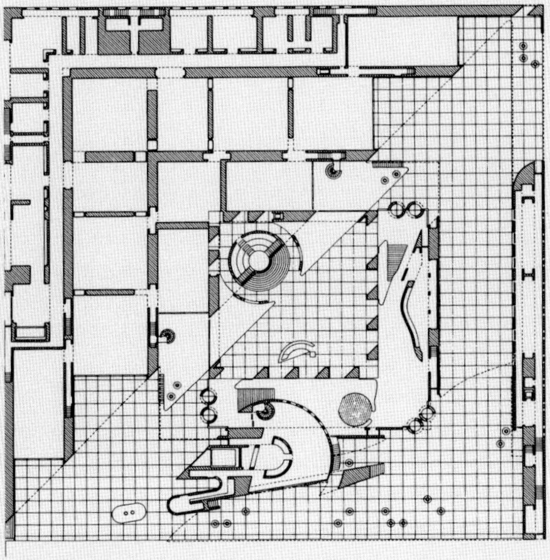

Kunstmuseum Bonn
Museumsmeile
Friedrich-Ebert-Allee 4
D-53113 Bonn
Telefon
+ 49 (0) 2 28 / 77 62 60
Internet
www.bonn.de/kunstmuseum

Öffnungszeiten:
di-so 10 - 18 Uhr
mi 10 - 21 Uhr

PETER ZUMTHOR

Kunsthaus Bregenz,
Ausstellungsraum

Glaskubus am Bodensee

KUNSTHAUS BREGENZ

Das im Sommer 1997 eröffnete Kunsthaus Bregenz des Schweizer Architekten Peter Zumthor gilt als architektonisch und in technischer Hinsicht besonders raffiniert gestaltetes Kunstmuseum. Der »Leuchtkörper im Licht des Bodensees« (Zumthor), der als einer von mehreren Solitären in die locker bebaute Bregenzer Uferpromenade integriert wurde, ist ein etwa 30 m hoher Kubus, der vor allem nachts in Verbindung mit farbigen Lichtinstallationen ein besonderes Schauspiel bietet. Man kann ihn als Ausstellungsstück sui generis qualifizieren. Ursache dafür ist die Fassade, die aus 712 sich überlappenden, etwa ein Meter langen Glasschindeln besteht. »Wie gesträubtes Gefieder« umhüllt diese ungewöhnliche, doppelte Außenhaut aus fein geätztem Glas den inneren, auf quadratischem Grundriss errichteten monolithischen Betonblock. Die Fassade ist zum Markenzeichen des neuen Bregenzer Museums geworden. 1999 wurde der in

Basel geborene Zumthor, der zuvor bereits das Kunstmuseum Chur gebaut hat und derzeit das Ausstellungs- und Dokumentationzentrum »Topographie des Terrors« in Berlin vorbereitet, für den Bau mit dem Mies van der Rohe Award ausgezeichnet.

Nach dem Gebäude Otto Wagners für die Wiener Sezession war das Kunsthaus Bregenz der erste große Museumsbau in Österreich seit annähernd 100 Jahren. Seine prominente Lage an der der Altstadt vorgelagerten Uferpromenade von Bregenz unterstreicht die Bedeutung des Hauses, das der berühmten Seebühne am anderen Ende der Stadt eine zweite kulturelle Attraktion an die Seite stellt.

Die gläserne Hülle des Museums ist nicht nur ein auf optische Wirkung zielendes dekoratives Element, sondern zugleich funktionaler Bestandteil, gewissermaßen der technische Clou des Gebäudes. Als Wetterhaut erfüllt sie die Funktionen der Wärmedämmung und des Sonnenschutzes, steuert zugleich die Lichtführung des Gebäudes und ermöglicht es, dass das

Bregenzer Kunsthaus als reines Tageslichtmuseum gleichwohl ohne ein einziges Fenster auskommt und die vier übereinander liegenden Ausstellungsräume Oberlicht erhalten. Das Licht, das an der Fassade erstmals gebrochen wird, verfängt sich zunächst in einem etwa einen Meter breiten Lichtgraben zwischen der äußeren Glashaut und der inneren Betonwand. Von hier wird es in Hohlräume gelenkt, die quasi als Zwischengeschosse zwischen die vier Ausstellungsräume eingefügt sind. Durch gläserne Zwischendecken diffundiert das Licht aus diesen Kammern in die Ausstellungsräume. Bis ins erste Untergeschoss läßt sich auf diese Weise das Tageslicht lenken. Ähnlich der äußeren Fassade wirken die an Hunderten von Stahlstäben aufgehängten quadratischen Glastafeln dieser Zwischendecken als zweite Diffusionshaut, die das Licht im Raum verteilt. Als »Lichtbehälter« hat man die Räume des Museums bezeichnet, in denen das Tageslicht in natürlicher Weise changiert. Eine ermüdende vollkommene Gleichmäßigkeit des Lichts wird dadurch vermieden, unterschiedliche Helligkeitszonen sind zugelassen und die Räume in dieser Weise im Hinblick auf das Licht mit einer gedämpften Lebendigkeit erfüllt, sofern es, so muss man einschränken, das Wetter zuläßt.

Dem See zeigt sich das Museum zugeknöpft. Zwischen den beiden Nachbargebäuden, dem Schauspielhaus und einem Postgebäude aus der Gründerzeit, gelangt man über Durchgänge in der Uferpromenade auf einen kleinen Platz, der sich zwischen Museum und Altstadt einfügt. Hier, gewissermaßen auf seiner Rückseite, befindet sich ein unscheinbarer schmaler Eingang mit einem aus der Fassade herausragenden Windfang. Die Verbindung zu den kleinteiligen Altstadthäuschen wird durch ein schmales, dem Museum vorgelagertes Verwaltungsgebäude hergestellt. Theater, Museum und dieses Nebengebäude umgrenzen einen in seinem Größenzuschnitt angenehm wirkenden urbanen Freiraum, der inzwischen zu einem neuen, lebendigen Zentrum der Stadt geworden ist. Dieses schmale, hohe Gebäude, das durch seine schwarz eingefärbten Betonfassade einen markanten Kontrapunkt zu dem hellen Hauptgebäude setzt, enthält im Erdgeschoss eine Bar, darüber eine Bibliothek und Büroräume; die Innenausstattung, Treppenhaus, Toiletten etc. demonstrieren in der farblichen Kombination von grauem Sichtbeton und schwarzem Mobiliar eine minimalistische Eleganz.

Aussenansicht, Kunsthaus Bregenz

Aufgrund der Auslagerung der Verwaltung und der meisten öffentlichen Funktionen aus dem eigentlichen Museumsgebäude kann sich die Wahrnehmung im Inneren auf die Wechselwirkungen von Raum, Material, Licht und den präsentierten Kunstwerken konzentrieren. Statt mit der gewohnten horizontalen Raumfolge wird der Besucher mit einer vertikalen Reihung der Ausstellungsräume konfrontiert. Vier quadratische, jeweils knapp 500 qm große Ausstellungsräume (Seitenlänge 24 m) sind übereinander geschichtet und durch eine steile Treppe verbunden. Es gibt somit keine Möglichkeit einer vorausschauenden Gesamtsicht der Räume; jedes Stockwerk öffnet sich statt dessen wieder einer neuen Erfahrung. Abgesehen von den Untergeschossen (das erste ist der Museumspädagogik und Veranstaltungen vorbehalten, das zweite bietet Platz für Technik und Lager) unterscheiden sich die Etagen im wesentlichen nur durch die Höhe der Räume. Das Erdgeschoss und der dritte Stock sind mit 6,20 m Höhe deutlich höher als die beiden mittleren. Einzig im Erdgeschoss verrät sich als Konstruktionsprinzip des Baus die Skelettbauweise durch drei den Außenwänden vorgestellte vertikale Betonscheiben. Als einzig tragende Teile gliedern sie den Raum und verbergen im Hauptsaal gleichzeitig Treppenaufgang, Lift und das Tor für die Anlieferung der Kunstwerke.

Die Atmosphäre der durch keine Zwischenwände beengten Räume ist von ruhiger Feierlichkeit. Die grauen und unverputzten Sichtbetonwände wurden nicht geschliffen, die konstruktionsbedingten Betonlöcher sichtbar belassen. Farblich changierend zeigt sich der dunkel gefärbte, fugenlose Terrazzoboden (geschliffener Gussbeton). Technisches, wie das Klimasystem, bleibt unsichtbar in den Betonwänden, in denen wasserführende Rohrsysteme das Aufheizen und Abkühlen, andere den Luftaustausch bewirken. Die Materialität des Gebäudes kommt somit in relativer Ursprünglichkeit zur Geltung, und dennoch wirkt diese durchgängige sinnliche Präsenz des Materials nicht als ästhetische Effekthascherei. Es fallen, wie Zumthor es formuliert hat, »Konstruktion, Material und Erscheinungsform zusammen. Das Gebäude ist genau das, was man sieht, berühren kann und betritt«. Die Architektur stellt sich nicht aus, sondern ist stets ganz und gar Funktion.

Seine Stellung im internationalen Ausstellungsgeschäft hat das Kunsthaus Bregenz inzwischen etabliert. Pro Jahr werden im Schnitt zehn Ausstellungen realisiert. Das Programm, das einerseits in der internationalen, andererseits in der österreichischen Kunst der Gegenwart seine Schwerpunkte besitzt, bewegt sich inhaltlich zwischen zeitgenössischer Kunst, Architektur und Design. »Räume der Kunst« hieß beispielsweise eine Ausstellung internationaler Künstler, wie Daniel Buren oder Helmut Federle, die Modelle und Entwürfe für Museumsneubauten präsentierten. Weitere Ausstellungen waren Per Kirkeby und Keith Sonnier gewidmet; eine vielbesuchte »Lifestyle«-Ausstellung zeigte Beziehungen zwischen Mode, Design, Werbung und Interior, während eine multimediale Einzelausstellung Rainer Ganahl vorstellte, den Vertreter Österreichs auf der Biennale in Venedig.

Kunsthaus Bregenz
Karl-Titzian-Platz
A-6900 Bregenz
Telefon
+43/55 74 48 59 40
Internet
www.kunsthaus-bregenz.at

Öffnungszeiten:
di-so 10 - 18 Uhr
do 1 - 21 Uhr

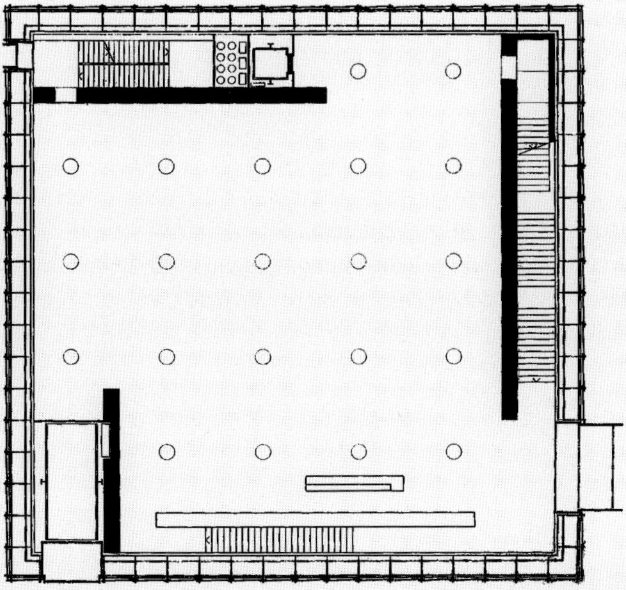

GIGON + GUYER

Kunst in der Bergwelt. Kirchner Museum, Davos, Außenansicht

Alpenkristall

KIRCHNER MUSEUM, DAVOS

Davos im Graubündischen, traditionsreich, mondän und alljährlicher Treffpunkt der großen Politik und Wirtschaft, verdankt sein Renommee in erster Linie seiner beneidenswerten Lage und seinem Klima. Schon Anfang des letzten Jahrhunderts haben die ansässigen Lungensanatorien, bevor sie zu Hotels umfunktioniert wurden, eine weitgereiste und illustre Gästeschar beherbergt. Thomas Mann begründete den Ruhm des Orts, nicht unbedingt zur Freude der Stadt, denen das literarisch vermittelte Bild eher imageschädlich erschien. Auch auf dem Gebiet der bildenden Künste profitiert die Stadt jedoch von diesen angestammten Vorzügen. Das Ernst-Ludwig-Kirchner-Museum entstand wie andere monographische Museen in Erinnerung an die auch der Gesundheit dienenden Aufenthalte des Künstlers. Der führende Maler des Expressionismus und Brücke-Künstler verbrachte von 1917 an unter mehr oder weniger direkter ärztlicher Betreuung 20 Jahre in der Schweizer Wahlheimat, bis er sich, vermutlich auch aus Verzweiflung über die politischen Entwicklung in Deutschland, 1938 das Leben nahm.

Monographische Künstlermuseen sind selten, beschränken sich auf einige prominente Ausnahmefiguren wie Vincent van Gogh, Pablo Picasso, Joan Miró, hierzulande auf Emil Nolde, Ernst Barlach oder Wilhelm Lehmbruck. Über den biographischen Anlass hinaus machen sie vor allem Sinn, wenn erkennbar wird, wie Ort und Landschaft den Künstler inspiriert haben. In Kirchners Fall, bei dem ein nicht unerheblicher Teil seines Werkes die Graubündener Landschaft zum Gegenstand hat, dürften die glühend farbigen Bergformationen und Portraitzeichnungen der Davoser Dorfbewohner über die Rolle von Gelegenheitsmotiven hinausgehen. Wie bei vielen anderen Künstlern des ersten Drittels des 20. Jahrhunderts entsprachen Landschaft und Bewohner in ihrer urtümlichen Bodenständigkeit offenbar der Suche nach einer auch künstlerisch ausdrucksstarken Ursprünglichkeit. Kirchner lebte zunächst in einer Davoser Alphütte, dann in dem Bauernhof »In den Lärchen« am Ortsrand, schließlich auf dem sogenannten »Wildboden«. Dort war schon in den sechziger Jahren erstmals ein Museum eingerichtet worden. Nach Gründung des Kirchner-Vereins Anfang der achtziger Jahre wanderten die Bilder in die Alte Post in Davos-Platz, einem urigen Heimatmuseum, das unter der Kustodenschaft des Kirchner-Publizisten, Kunsthändlers und Auktionators Eberhard W. Kornfeld geführt wurde, sich aber bald als zu klein erwies. 1992 wurde das neue Ernst-Ludwig-Kirchner Museum eröffnet, finanziert (11,5 Mio Schweizer Franken) von der Familie Roman N. Ketterer. Ketterer war langjähriger Nachlassverwalter des Kirchnerschen Werks und Auktionsgalerist in Stuttgart gewesen. Über 400 Originalwerke, 160 Skizzenbücher und eine Bibliothek wurden darüber hinaus von der Familie und der Familienstiftung Benvenuta dem Museum zur Verfügung gestellt.

Das Davoser Museum der Züricher Architekten Annette Gigon und Mike Guyer ist ein schlichter, nüchtern wirkender Flachbau, den eine breite Betonrampe etwas von der Hauptstraße des Ortes abrückt; die rückwärtige Seite liegt zum licht bewaldeten Tal. Eine Glasschicht umhüllt den in einzelne rechteckige Kuben unterteilten Bau. Das Material und die exponierte Lage geben dem Museum Züge einer Gedenkstätte. Vier einzelne, erhöhte kubische Blöcke, die Ausstellungsräume und eine tiefer gelegene Eingangs- und Zwischenpartie bilden die Grundstruktur. Das ausdrucksstärkste Merkmal ist die gläserne, grünlich schimmernde und vertikal gerippte Außenhaut, die dem Bau seine gefeierte kristalline Struktur gibt. Einen »schillernden Kristall in der Davoser Bergwelt« hat Kornfeld das Museum genannt. In unterschiedlichen Formen und Erscheinungsweisen kommt das Glas zum Einsatz. Matt und undurchsichtig verkleidet es die geschlossenen Gebäudeteile, läßt jedoch im oberen Drittel der erhöhten Kuben den dahinter liegenden leeren Raum hindurchscheinen. Durchsichtiges, spiegelglattes Glas umgibt den Eingangsbereich, während auf dem Dach splitterförmiger Glasgrieß den Belag bildet. Das Glas dient einer an alpine Bedingungen angepassten Lichtführung: Da ein reines Oberlichtmuseum aufgrund des Schnees über längere Zeit hätte künstlich beleuchtet werden müssen, fällt das Tageslicht durch die seitlichen Glasfronten in die oberhalb der Ausstellungsräume angebrachten Lichtgaden, wobei die mattierte Behandlung des Glases für eine vorteilhafte Streuung des Lichts sorgt, das durch zusätzliche künstliche Lichtquellen ergänzt wird.

Den Eintretenden empfängt der Bau mit einem konsequenten Reduktionismus. Garderobe und Buchauslagen im Eingangsbereich, auch die Bibliothek im Untergeschoss, sind von nüchterner Funktionalität, die stilistisch erkennbar die Bauhaustradition fortführt. Der Zwischen- und Eingangsbereich, dessen Boden, Decke und Wände in rauhem Sichtbeton belassen wurden, besitzt in seiner gewissermaßen kruden Erscheinung eine fast naturhafte Anmutung. Diese Betonung des Natürlichen wird durch vier einzelne, sehr pointiert platzierte Fenster, die einen Bezug von Innen und äußerer Natur herstellen, noch verstärkt. Im Kontrast hierzu stehen die vier fensterlosen Ausstellungsräume, drei längliche (9 x 18 m) sowie ein annähernd quadratischer Raum, die voneinander getrennt und jeweils nur von einem breiten Gang aus zugänglich sind. Im Untergeschoss, auf der gleichen Fläche, befinden sich eine spartanisch eingerichtete Bibliothek zur Malerei des Expressionismus, ein Archiv zu Leben und Werk Kirchners sowie Verwaltungs- und Technik-Räume.

Kühl und Streng. Kirchner Museum, Zwischenbereich und Ausstellungsraum

Die Ausstellungsräume sind in jeder Hinsicht klassisch, geben sich mit weißen Wänden, hellem Eichenparkettboden und der durchgehenden Mattglasdecke neutral und zurückhaltend. Nicht nur die kontrastreiche Aufteilung zwischen dem Flur- und Eingangsbereich, auch der Kontrast zwischen dem Sichtbeton einerseits, dem Parkett der Ausstellungsräume anderseits, intensivieren die Kunstwahrnehmung. Während die Farbintensität der Gemälde Kirchners in ihrem Kontrast zu der zurückhaltenden Strenge der Architektur eher noch gesteigert wird, kommen manche Zeichnungen und kleinformatige Gemälde in den relativ großen Räumen weniger gut zur Geltung. Von günstigsten Lichtbedingungen hingegen profitieren die großformatigeren Werke Kirchners.

Kirchner Museum, Zwischenbereich

Gezeigt werden im Kirchner-Museum Teile der bedeutenden Kirchnerschen Sammlung, die hauptsächlich aus Kirchners Davoser Zeit stammt. Zusätzlich erwarten den Besucher jährlich Sonderausstellungen zu Zeitgenossen Kirchners und inhaltlich verwandten Themen.

Kirchner Museum Davos
Ernst-Ludwig-Kirchner-Platz
CH-7270 Davos Platz
Telefon
+ 41 (0) 81/4 13 22 02
Internet
www.kirchnermuseum.ch

Öffnungszeiten:
di-so 14 - 18 Uhr
Weihnachten bis Ostern
und vom 15. Juli bis zum 30. September
10 - 18 Uhr

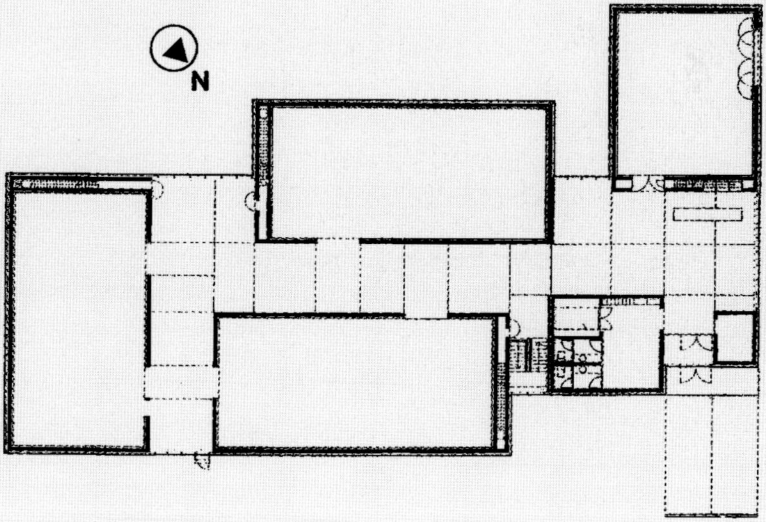

INTERVIEW MIT ANNETTE GIGON

Ihre Architektur wird in der Literatur gemeinhin der Richtung eines neuen Minimalismus oder einer neuen Einfachheit zugerechnet. Sehen Sie Ihre Arbeit durch diese Bezeichnungen richtig beschreiben?

An sich können wir mit diesen Einteilungen nicht allzuviel anfangen. Ein weit wichtigeres Charakteristikum unserer Arbeit scheint uns, dass wir die verschiedenen architektonischen Aufgaben jeweils anders interpretieren, für die unterschiedlichen Herausforderungen immer wieder neue Lösungen entwickeln. Dieses kontextbezogene Arbeiten steht der Ausbildung eines bürospezifischen Stils und damit einer einfachen Klassifizierbarkeit grundsätzlich entgegen. Sogenannte neutrale Räume, für die wir gelegentlich gelobt werden, gibt es eigentlich gar nicht. Jeder Raum, und sei er noch so zurückhaltend und schlicht, hat einen spezifischen Ausdruck, eine Stimmung. Die Frage ist nur, ob diese der Kunstbetrachtung zugänglich ist. Was wir zu erreichen suchen, sind in sich schlüssige Räume mit guten Proportionen, Lichtverhältnissen, Materialien: Räume, in denen man gerne Kunst betrachtet und in denen man sich gerne aufhält. Allerdings ist wahr, dass unsere Räume einfache, das heißt detailarme Räume sind.

Wie sollte Ihrer Meinung nach das Verhältnis Kunst – Architektur aussehen?

Wir wollen keinen architektonischen Argumentationsaufwand betreiben. Insofern grenzen wir uns sicherlich zum Beispiel von den postmodernen Entwicklungen der achtziger Jahre ab, bei denen allerhand Schnickschnack von der Wahrnehmung der Kunstwerke ablenkte. Zu diesem, wenn Sie so wollen, puristischen Ansatz gehört auch, dass wir im Prinzip dagegen sind, in den Eingangsräumen der Museen bereits Kunst zu zeigen – sei dies in der Eingangshalle des Kirchner Museums oder des Museums Liner. Diese Bereiche sind extrovertierte Räume, in denen die Leute sich orientieren, Postkarten kaufen und miteinander reden. Aber es gibt auch interessante Ausnahmen von dieser Regel, Arbeiten, die beiläufig wahrgenommen oder entdeckt werden wollen: so etwa eine Arbeit von Laurence Weiner im Übergangsbereich zwischen Alt- und Neubau des Winterthurer Kunstmuseums.

Wissen Sie bei Ihren Entwürfen für Museen vorab, welche Werke, welche Arten von Werken ausgestellt werden?

Wir kannten einzelne Werke, aber nicht das ganze Konvolut der Schenkung. Beim Kirchner Museum wurde uns vielleicht zu spät klar, wie groß der Anteil der kleinformatigen Werke war. Bei beiden monographischen Museen, dem Museum Liner und dem Kirchner Museum, sind die Räume trotzdem absichtlich nicht auf einzelne Werke zugeschnitten, denn in beiden Häusern wechseln die Ausstellungen ein- bis zweimal jährlich. Die Räume müssen deshalb eine gewisse Flexibilität aufweisen.

Welche Lösungen halten Sie für die beste bei der Beleuchtung der Räume?

Wir haben für alle vier Museumstypen jeweils die entsprechende Beleuchtungsart gesucht: die klassische Beleuchtung der Räume über die Glasdecke beim Kirchner Museum, die allerdings hier neu von Wand zu Wand spannt; die Glasdecke, die zur mächtigen Lampe wird, bei der Sammlung Oskar Reinhart – damit die tiefen Rahmen die Bilder nicht verschatten, sollte hier das Licht möglichst aus der Mitte des Raums verteilt werden; das industrielle Shedoberlicht in der provisorischen Kunsthauserweiterung Winterthur für Räume, in denen vor allem Wechselausstellungen, Werke der Klassischen Moderne und zeitgenössischen Kunst gezeigt werden; zuletzt der einseitig verglaste Giebel, bzw. Einzelshed für die kleinen Ausstellungsräume des Museums in Appenzell, wo wir an einer konzentrierten, kapellenartigen Stimmung der Räume interessiert waren.

So etwas wie die beste Museumsbeleuchtung gibt es für uns also nicht. Das Licht ist eine Funktion der auszustellenden Kunst, des Raumes und auch der finanziellen Mittel (für die Erstellung und den Unterhalt) – und umgekehrt. Wichtig war uns jedoch jeweils, dass grundsätzlich mit Tageslicht beleuchtet wird.

OSWALD MATHIAS UNGERS

Gerade und Kreis
Museum Kunst Palast
Rückseite

Kunst, Kultur und Ökonomie

MUSEUM KUNST PALAST, DÜSSELDORF

Während im Fall des Wallraf-Richartz Museum von O. M. Ungers in Köln ein Neubaukubus in einem der historischen Umgebung angenähertem Gewand eine Traditionssammlung alter Meister beherbergt, wurde in Düsseldorf ein repräsentatives Ausstellungsgebäude der Jahrhundertwende bis auf seine denkmalgeschützte Fassade erneuert und in ihm ein moderner Ausstellungsbetrieb installiert. Der 1902 errichtete Düsseldorfer Kunstpalast wurde 1925/26 von Wilhelm Kreis, einem der erfolgreichsten Architekten der zwanziger Jahre, in die bestehende Ehrenhofanlage eingebunden, indem er dessen Fassade durch eine strenge Schaufassade ersetzte und dem Gesamterscheinungsbild des Ehrenhofs anpasste, der anläßlich der Ausstellung für Gesundheitspflege, Soziale Fürsorge und Leibesübung (Gesolei) entlang der Rheinuferstraße errichtet wurde.

Das im Herbst 2001 eröffnete Museum Kunst Palast, das gegenüber liegende und seitlich anschließende Kunstmuseum der Stadt, das benachbarte, durch Arkaden optisch verbundene NRW-Forum für Kultur und Wirtschaft, und das kreisrunde Planetarium am südlichen Kopf der lang gestreckten Anlage (die heutige Tonhalle) bilden damit einen in seiner stilistischen Geschlossenheit seltenen, den Künsten gewidmeten Gebäudekomplex, dessen strenge Feierlichkeit in reizvollem Gegensatz zu der luftigen Transparenz der Glasarchitektur der näheren Umgebung steht.

Beim Neubau von O. M. Ungers blieb nur die alte Schaufassade erhalten; von der Ehrenhofseite ist der Neubau als solcher kaum wahrzunehmen. Auf seiner Rückseite stellt sich ein anderer Eindruck ein. Dort ist das Museum mit dem Neubau der Hauptverwaltung des privaten Sponsors, ebenfalls von Ungers errichtet, in eine spannungsvolle Verbindung gebracht. Bei diesem Bau handelt es sich um einen zehnstöckigen, halbkreisförmigen Büroturm mit zwei ringförmigen Anbauten, der formal in pointiertem Gegensatz zur geradlinigen Strenge der rechtwinkligen Kunstpalastarchitektur steht. Eine glasüberdachte Galerie, die unmittelbar an den Büroturm ringförmig anschließt, soll auch als Ausstellungsfläche

Museum Kunst Palast, Atrium

genutzt werden, während um diese der äußere Ring eines fünfgeschossigen Traktes aus Glas und Stein wiederum Büroräume enthält. Museum Kunst Palast und Firmensitz sind durch einen tiefer gelegten Hof miteinander verbunden. Ungers hat diese Kombination von Funktionen und Bauformen mit einer philosophischen Aufgabe verglichen: »Der Begriff von der ›public private partnership‹ wird bei dieser baulichen Raumfolge übersetzt in einen Begriff des komplementären Miteinanders von Kunst, Kultur und Ökonomie. Diese drei Elemente, von denen unser Leben im wesentlichen geprägt wird, sollen hier zu einem Dreiklang, zu einem harmonischen Ganzen vereint werden. Insofern ist dieses Unternehmen nicht nur vom architektonischen Aspekt zu betrachten, sondern vor allem als geistiges, intellektuelles Konzept, das sich mit einer Lebensform auseinandersetzt, von der unsere Umwelt bestimmt wird.«

Museum Kunst Palast. Ausstellungsraum

Konzeptionell entstand in dem neuen Museum Kunst Palast mit dem Einzug der renommierten Düsseldorfer Kunsthalle, einer über die vergangenen Jahrzehnte etablierten Institution der Avantgarde, die Verbindung einer Ausstellungshalle zeitgenössischer Kunst mit dem traditionsreichen städtischen Kunstmuseum. Zwei vormals getrennte kommunale Kulturinstitutionen wurden damit in einer inhaltlich-programmatischen Kooperation verbunden. Wie immer deren Arbeit in Zukunft aussehen wird, so ist jedenfalls die optische Einheit durch die Ehrenhof-Anlage gewährleistet, Vielleicht ist der Gegensatz zwischen dem expressionistisch-heroisierenden Duktus der alten Ausstellungsarchitektur und der repräsentativen Schaulust heutiger Museumsarchitektur gar nicht so groß, wie der zeitliche Abstand erwarten ließe. Während die Eingangsfront des Museum Kunst Palast zum Hof mit ihrer vorgeblendeten Ziegelfassade und dem zentralen Eingangportikus noch das Pathos der zwanziger Jahre ausstrahlt, sind die neuen Fassaden auf der Rückseite mit Tuffstein, Muschelkalk und in den oberen Geschossen mit grau-blauen Klinker in einem dunklen Ton verkleidet.

Museum Kunst Palast, Atrium

Im Inneren des Museums hat Ungers durch eine allerdings zu klein geratene Eingangstreppe zwischen dem vorhandenen äußeren Gebäudeteil und seinem Neubau zu vermitteln versucht. Ein über zwei Etagen reichendes, sehr streng und kühl wirkendes und feierlich von einer Kuppel überwölbtes Atrium erwartet den Eintretenden. Seitlich führen Treppenaufgänge zu den oberen Ausstellungsebenen sowie zum Sockelgeschoss mit dem erneuerten Robert-Schumann-Saal als Musik- bzw. Veranstaltungssaal. Auch hier setzen die für Ungers typischen Quadratfelder den optischen Schwerpunkt. Auch die Decken der Ausstellungssäle sind in Lichtfelder von 1,86 qm gerastert; die Kassettierung in einem Grundraster von 93 cm wiederholt das schon im Wallraf-Richartz-Museum verwendete Prinzip. Die Ausstellungsräume sind mit jeweils über 700 qm großzügig bemessenen. Knapp 9.000 qm Ausstellungsfläche stehen zur Verfügung.

Der neue Leiter, Jean Hubert Martin, war zuvor als Direktor des Musée National d'Art Moderne im Centre Pompidou in Paris und in der Kunsthalle Bern tätig und leitete 2000 die Biennale für Gegenwartskunst in Lyon. Sein Ziel in Düsseldorf ist die Verbindung der lokalen Kunstszene mit einem internationalen Programm, das einem persönlichen Interesse entsprechend sich stark auf die zeitgenössische nicht-westliche Kunst konzentriert. Auch die zum Teil sehenswerten Bestände des Kunstmuseums sollen hierbei einbezogen werden. Das Ausstellungsprogramm des ersten Jahres enthält so Unterschiedliches wie die viel beachtete Ausstellung »Altäre der Welt«, Joan Miró und Fotografie in Düsseldorf.

Stiftung Museum Kunst Palast
Ehrenhof 4–5
D-40479 Düsseldorf
Telefon
+ 49 (0) 211/8 99 62 50
Internet
www.museum-kunst-palast.de

Öffnungszeiten:
di–so 12 - 20 Uhr

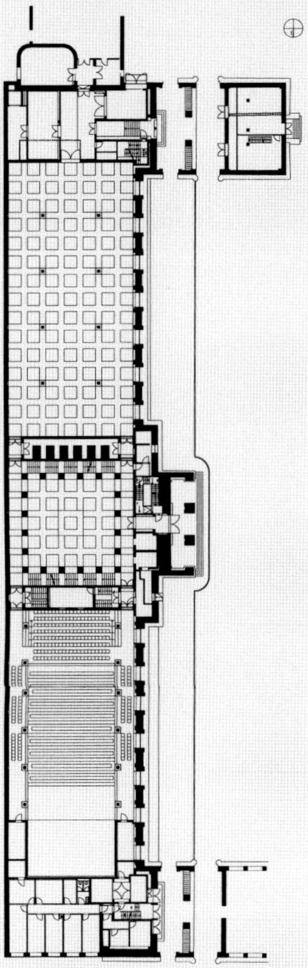

Dreiecksformen
Museum für moderne Kunst
Ausstellungsraum

HANS HOLLEIN

Postmodernes Gesamtkunstwerk

MUSEUM FÜR MODERNE KUNST, FRANKFURT

Frankfurts Museum für Moderne Kunst, das 1991 nach vierjähriger Bau- und 13-jähriger Planungszeit eröffnet wurde, markiert für Frankfurt den Abschluss seines noch in besseren, kulturfreundlichen Jahren entwickelten Museumsprogramms. 1985 war auf dem südlichen Mainufer Richard Meiers helles, lichtes Kunstgewerbemuseum errichtet worden, das andere herausragende Frankfurter Beispiel einer Museumsarchitektur, die selbstbewusst auf ihren Kunstcharakter Anspruch erhob und noch hinsichtlich der Anordnung der Vitrinen in den Ausstellungsräumen ihre bestimmende Position geltend zu machen suchte. Das Museum für Moderne Kunst von Hans Hollein, dem zweiten Museumsbau des Österreichers nach dem Museum Abteiberg in Mönchengladbach, ist sichtbar eines der anspruchsvolleren Beispiele von Museumsarchitektur; ein komplexes, intellektuelles Kunstgebilde, das in seiner Außendarstellung, seiner Raumanordnung und den gestalterischen Details einem Inszenierungsprinzip folgt, bei dem die präsentierten Kunstwerke die Höhepunkte einer einzigen großen, mit dem Eintritt ins Haus beginnenden ästhetischen Erfahrung sind. Dennoch wirkt das Museum heute, gerade einmal zehn Jahre nach seiner Eröffnung, in seinem noch den achtziger Jahren zuzurechnenden eher postmodernen Gestus bereits historisch. Damals war die Ästhetik einer Kunst-Architektur, die sich in Form einer Inszenierung der Räume artikulierte, am weitesten fortgeschritten. In Frankfurt sind die Räume, Gänge und Treppen mit ihren Säulen und Gesimsen, Durchbrüchen und Fensternischen, Zwischenebenen und Schächten die Präludien und Zwischenspiele, die auf die pointierten Hauptsätze der Ausstellungsräume selbst vorbereiten.

Ist die Architektur seitdem auch andere Wege gegangen, so war die in Frankfurt gewählte Konzentration auf aktuelle Strömungen der Gegenwartskunst doch der Auftakt zu einer Schwerpunktbildung, die sich seitdem in den meisten Häusern durchgesetzt hat. Auch der »Szenenwechsel«, das Prinzip der wechselnden Bespielungen, hat Schule gemacht. Der Ruf eines der ersten Museen hierzulande für Gegenwartskunst ist inzwischen wohl etabliert. Insofern hat das Museum sowohl architektonisch wie inhaltlich Modellcharakter und ist – wiewohl seinerzeit in kontroversem Disput zwischen Jean-Christophe Amman als 1987 neu installiertem Museumsdirektor und dem Architekten – auch der weitestgehende Versuch, die Architektur in einen engen Dialog mit den Exponaten zu führen. Heute, nach einer ganzen Reihe von technischen Veränderungen, nach mancherlei Wandeinzügen und Abdunklungen, sind Architektur und Kunstwerke merklich aufeinander zugeschnitten, in einer Weise allerdings, die die bei Wechselausstellungen erforderlichen Veränderungen zu einer anspruchsvollen Aufgaben macht.

Eine städtebauliche Voraussetzung dieses »artifiziellen« Museums ist die Form des Grundrisses. Das Museum nimmt vollständig ein im Altstadtbereich frei gebliebenes Restgrundstück der Nachkriegsbebauung ein, dessen spitz zulaufende Dreiecksform (»Tortenstück«) dem Bau nicht nur im Stadtbild erhöhte Aufmerksamkeit sichert, sondern auch im Inneren wirkt, indem sie Raumaufteilung und Grundrisse erzwingt, die eine eigene ästhetische Wirkung erzeugen. Als östliches Entree der Altstadt unweit des gotischen Domes nimmt der Bau durch den hellen Putz und den roten Sandstein Bezug auf das bauliche Umfeld. Auch der stark gegliederte und durch Säulen akzentuierte, der Altstadt zugewandte Eingangsbereich mit den sich an der Südseite anschließenden Säulenreihen und dem der Cafeteria vorgelagerten Arkadengang variiert ein der topographischen Historie verpflichtetes spätmittelalterliches Formenrepertoire. Die westliche Schmalseite mit den über zwei Etagen reichenden Metallsäulen oberhalb des Zulieferportals, der abgestufte Bug an der Dreiecksspitze und die nahezu geschlossene, durch wenige Erker und Fenster durchbrochene Nordseite betonen den Anspruch einer institutionellen Eigenständigkeit von besonderer Bedeutung.

Das Innere des dreistöckigen Baus besitzt eine symmetrische Struktur. Die Dreiecksform wird aufgenommen durch eine die Mitte bildende Sequenz ebenfalls dreieckiger Räume, die seitlich entlang der beiden Längsseiten von rechteckigen Kabinetten und Ausstellungsräumen flankiert werden. Eine Art Fluchtpunkt bilden die Räume an der Dreiecksspitze, die eine gewisse Sogwirkung ausüben. Auf eine bestimmte Führungslinie wird insgesamt verzichtet. Von den knapp 40 Ausstellungsräumen sind nur ganze zwei Räume symmetrisch. Der Eingangsbereich mit Kasse und Garderobe atmet in seiner Kleinteiligkeit ein wenig den Geist der achtziger Jahre. Über einige Stufen erreicht man den zentralen zweistöckigen Oberlichtraum, dessen Seitenwände von schießschartenartigen Fenstern aufgebrochen sind. Von diesem »Haus im Haus« führen rückwärts und seitwärts Durchgänge in kleinere Kabinette, darunter den Bill-Viola-Raum mit dessen berühmter Videoinstallation *The stopping mind.* Fluchtpunkt ist an der Spitze des Raumes ein von Säulen flankierter Treppenaufgang. Dieses y-förmige Treppenhaus bildet den Achsenpunkt des gesamten Baus, der von hier in seinen vertikalen wie horizontalen Dimensionen erschlossen wird. Die von Günther Förg farbig gestaltete »begehbare Plastik« des Treppenhauses eröffnet das komplizierte Strukturgefüge des Gebäudes, das mit seinen schmalen auf- und absteigenden Treppengängen, seinen seitlichen Abzweigungen, Zwischenebenen, ausschnitthaften Durch- und Einblicken an das Labyrinth einer Bibliothek aus Ecos »Der Name der Rose« erinnert.

Durchblicke. Museum für Moderne Kunst, zentraler Treppenbereich

Die einzelnen kleinen bis kleinsten Kompartimente bilden in ihrer individuellen Form und Gestaltung bewusst arrangierte Rahmen für die Präsentation von Werkgruppen einzelner Künstler. Im Laufe der Jahre wurden dabei architektonisch wichtige Änderungen vorgenommen, die sich aus den Erfordernissen zur befriedigenden Präsentation der Werke ergaben. Die Räume, die durch »Passagen und Fensteröffnungen definiert (sind), die primär der architektonischen Innenstruktur und Fassadengliederung dienen und erst in zweiter Linie die eigentliche Funktion der Räume gewährleisten« (Ammann), erfuhren eine an der Funktion orientierte Revision. Ein auf der zweiten Etage von großflächigen Fenstern erhellter Raum mit einer Plastik von Walter de Maria zum Beispiel wurde später durch Gipswände abgedunkelt. In der Regel ist nun jeder Raum einem einzelnen Künstler gewidmet – wenn möglich in Zusammenarbeit mit den Künstlern –, wobei bei den Werkgruppen und Installationen zwischen kurz-, d. h. in Abständen von sechs Monaten, mittel- und langfristig (alle 10 Jahre) erneuerten Raum-Kunstwerken unterschieden wird. Das Ergebnis ist eine abwechslungsreiche Abfolge von »atmosphärischen Differenzierungen«. »Architektur und Sammlungskonzeption«, so Ammann, »führte dann auch zu dem räumlichen Konzept, an Stelle einer chronologischen oder stilgeschichtlichen Gliederung den Ereignischarakter der einzelnen Künstlerräume, deren immanente kontrapunktisch angelegte Dynamik, wirksam werden zu lassen«.

Das Ausstellungs- bzw. Sammlungskonzept namens »Szenenwechsel« sah beim Ausscheiden Ammans eine teilweise Neubespielung von 10 bis 12 Räumen vor. Grundsätzlich blieb dabei kein Raum unantastbar, jedoch wird etwa der Beuys-Raum mit dem über zwei Etagen reichenden Environment *Blitzschlag mit Lichtschein auf Hirsch,* einer der wenigen Räume, bei denen Hollein, sich dem Primat der Kunst beugend, einer Entfernung der Decke zustimmte, sicherlich langfristig in dieser Weise erhalten bleiben. Gleiches gilt für das Bed-Environment des Pop Art-Künstlers Claes Oldenburg oder die Grabkammer *Les Ombres* von Christian Boltanski – Werke, die Teil der Physiognomie des Museums sind.

Ausgangspunkt für die Kunst des Hauses war der Erwerb der Sammlung des 1977 verstorbenen Darmstädter Unternehmers Karl Ströher: amerikanische und europäische Kunst der sechziger Jahre mit Werkgruppen von Carl Andre, Dan Flavin, Donald Judd, Roy Lichtenstein, Walter de

Maria, Claes Oldenburg und Andy Warhol; daneben unter anderem die Deutschen Joseph Beuys, Blinky Palermo, Reiner Ruthenbeck. Insgesamt 67 Werke bildeten den Grundstock der Sammlung. Auf ihr aufbauend, hat Ammann bei der kontinuierlichen Erweiterung der Sammlung die Schwerpunkte auf Gegenwartskunst gelegt, auf eine kontinuierliche Fortführung der ursprünglichen Sammlung also verzichtet und zwischen beiden »Brückenköpfen« durch einzelne zeitüberspannende Werkgruppen ausgewählter Künstler die Verbindung herzustellen gesucht. Hierzu zählen unter anderem der Konzeptkünstler On Kawara mit seinen *Date-Paintings 1966–1990,* Photographien von Bernd und Hilla Becher und Gerhard Richter *(18. Oktober 1977)*. Wie jene 32 sitzenden Figuren der großen *Tischgesellschaft* von Katharina Fritsch sind sie inzwischen fester Bestandteil der Ikonographie des Hauses.

Museum für Moderne Kunst
Frankfurt am Main
Domstraße 10
D-60311 Frankfurt/M.
Telefon
+49 (0) 69/21 23 04 47
Internet
www.mmk-frankfurt.de

Öffnungszeiten:
di-so 10 - 17 Uhr

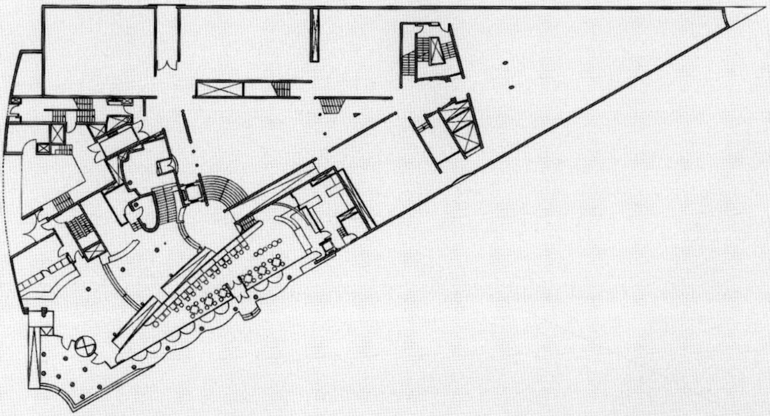

Tradition und Moderne

MUSÉE DE GRENOBLE

GROUP 6

Musée de Grenoble, Eingangsbereich

Die Provinz spielt in Frankreich im Verhältnis zur Hauptstadt bekanntlich eine traditionell eher marginale Rolle. Die Versuche, ihr kulturelles Gewicht stärker zur Geltung zu bringen, währen schon lange. Zu ihnen gehören vor allem auch neue Kunstmuseen, mit deren Neubau noch zu Zeiten Mitterands begonnen wurde. Die jüngsten und bedeutendsten von ihnen sind in den letzten Jahren in Straßburg und in Grenoble, der Hauptstadt des Départments Isère, entstanden. Neben Paris und Lyon besitzt die Gebirgsstadt eine der umfangreichsten und ältesten Kunstsammlungen des Landes, deren Entstehung in das Jahr 1796, mithin noch in die Zeit der Revolution fällt. 1994, unter dem französischen Kulturminister Jack Lang, wurde das neue Haus eröffnet, ein voluminöser Bau, der ein mit den Jahren zu klein geratenes neoklassizistisches Palais an der sehenswerten innerstädtischen Place de Verdun ersetzt.

Neben einer Antikenabteilung präsentiert das neue Museum mehr als 1.200 Gemälde, Plastiken und Zeichnungen vom ausgehenden 15. Jahrhundert bis zur Gegenwart. Nicht nur hinsichtlich der Sammlungsbestände, sondern auch hinsichtlich des räumlichen Rahmens bietet es

Musée de Grenoble, Rückansicht am Fluss Isère

einen so abwechslungsreichen Eindruck, dass man sich auf dem Gang durch die verschiedenen Abteilungen in unterschiedlichen Museen wähnt. Errichtet wurde der Bau von dem Architektenkollektiv Group 6. Hinter dem Gruppennamen verbergen sich die Architekten Olivier Félix-Faure, Antoine Félix-Faure und Philippe Macary. Errichtet wurde es außerhalb der Altstadt auf einem von den Überresten einer Befestigungsanlage aus dem 16. Jahrhundert durchzogenen Gelände am Ufer der Isère. Dem ersten Blick präsentiert sich ein insgesamt sachlich wirkender Zweckbau, dessen lang gestreckte, kantige Fassade in einzelne kubische Blöcke unterteilt ist. Lichtkammern auf dem Dach markieren die einzelnen Ausstellungshallen. Die Fassade trägt eine Verkleidung aus weißem Stein. Da sich das Museum über einer begrünten Böschung erhebt, die eine Tiefgarage verbirgt, gewinnt der Bau eine markante Dominanz. Die beiden Schmalseiten finden in abgerundeten Vorbauten ihren Abschluss, von denen das breite Halbrund auf der Rückseite an den Fluss grenzt und von hier den Blick auf die gegenüberliegende Bergkette erlaubt. Seitlich wurde ein historischer Festungsturm durch eine gläserne Fußgängerbrücke mit dem Museum verbunden. Die gegenüberliegende Längsseite grenzt an eine zum Skulpturenpark aufgewertete Grünanlage. Das Entrée an der zur Innenstadt gelegenen Ecke wird durch einen vorgelagerten Eingangsbereich und ein Restaurant akzentuiert.

Vorbei an einer Grünanlage mit einer Skulptur von Alexander Calder steigt man einige Stufen empor und gelangt über einen Vorplatz in das von Galerien umgebene, runde Atrium. Hier, wie in den anderen öffentlichen Bereichen des Museums, zeigt der Bau des Architektenkollektivs am deutlichsten seine Orientierung am internationalen Stil der Weißen Moderne. Vom Atrium als Kopf und Orientierungspunkt führen Wege in verschiedene Richtungen, einerseits in das seitliche Restaurant, rückwärtig in das Kellergeschoss, das die Antikenabteilung beherbergt. Geradeaus betritt man über einige Stufen einen breiten, durch Tageslicht erhellten Hauptgang, der die Achse des Gebäudes bildet. Auf der einen Seite des Gangs liegen Räume für Wechselausstellungen, während sich gegenüber eine Reihe von Raumkomplexen für den älteren Teil der ständigen Sammlung anschließen. Bei diesen hohen, unterschiedlich großen Räume handelt es sich um Oberlichträume, die vermittels doppelter Metallreflektoren gedämpftes Tageslicht erhalten.

Musée de Grenoble, Ausstellungsraum

Zwischen den einzelnen Raumkomplexen fällt durch schmale Fenster Seitenlicht. Die Gemälde hängen vor crèmefarbenen, limonengrünen oder mattgelb gestrichenen Wänden. Am Ende dieser Raumsequenz führt der Rundgang zurück zum Hauptgang, der sich zu einem Zwischenbereich weitet. Sitzbänke vor einer wandhohen Glasfront, an die außen ein Wasserbassin angrenzt, laden hier zum Verweilen ein. Hier schließt sich der zweite Bereich, dem Grundriss nach ein Halbrund, an, der in eine Vielzahl kleinerer Kabinette aufgeteilt ist. Werke der Klassischen Moderne sind hier in der gewohnten Umgebung weißer Oberlichträume präsentiert. Der Rundgang findet in zwei Untergeschossen seine Fortsetzung, die jeweils einen seitlichen Zwickel des Halbkreises einnehmen. Diese unteren, den gegenwärtigen Entwicklungen vorbehaltenen Räume, beziehen im Unterschied zu den Räumen der alten Kunst und der Klassischen Moderne die äußere Umgebung mit ein. Durch die wandhohen Fenster treten das alte Mauerwerk der Befestigungsanlage, Kiesflächen und die angrenzenden Grünflächen ins Blickfeld.

Musée de Grenoble,
Atrium

Trotz seiner 65 Galerieräume und 6.500 qm Ausstellungsfläche scheint das Musée de Grenoble fast etwas beengt, besonders die Räume der Moderne und der Gegenwartskunst, beides Schwerpunkte der Sammeltätigkeit des Chefkurators Serge Lemoine. Seinen Ruf verdankt das Museum gleichwohl in erster Linie der älteren Abteilung, in der vor allem die selteneren Werke des 17. Jahrhunderts mit Philippe de Champaigne, Georges de la Tour und Laurent de la Hyre einen Höhepunkt markieren. Mehrere großformatige Hauptwerke finden sich ferner von Francisco de Zurbaran, Canaletto und Claude Lorrain; ein großer Teil der Sammlung besteht aus einer Schenkung eines der Museumsstifter, des General de Beylié.

In der modernen Abteilung sind viele bekannte Namen vertreten. Schwerpunkte liegen auf den Werken von Henri Matisse (dessen bekanntes Bild *Intérieur avec Aubergines* von 1911 eine Schenkung des Künstlers an das Museum ist), Maurice de Vlaminck, Henri Fantin-Latour, einem Sohn Grenobles, und Georges Rouault. Während in den angrenzenden Räumen des Erdgeschosses von Fernand Léger bis Willi Baumeister, von Kurt Schwitters bis Hans Arp Protagonisten der Avantgarde vertreten sind, bleibt das Untergeschoss den letzten drei Jahrzehnten vorbehalten, darunter Werken von Sam Francis, Ellsworth Kelly und Kenneth Noland und Werken der Minimal Art-Künstler Sol Le Witt, Imi Knoebel, Carl Andre und Donald Judd. Hier wird deutlich, dass Objektkunst und Installationen nicht notwendigerweise der kargen Strenge weißer Kuben bedürfen, sondern durch die optische Nähe zum Park und den mittelalterlichen Mauerbeständen an Reiz gewinnen.

Musée de Grenoble
5, Place de Lavalette
F-38000 Grenoble
Telefon
+ 33 (4) 76 63 44 44
Internet
www. ville-grenoble.fr/musee-de-grenoble

Öffnungszeiten:
so-mo 11 - 19 Uhr
di geschlossen
mi 11 - 22 Uhr

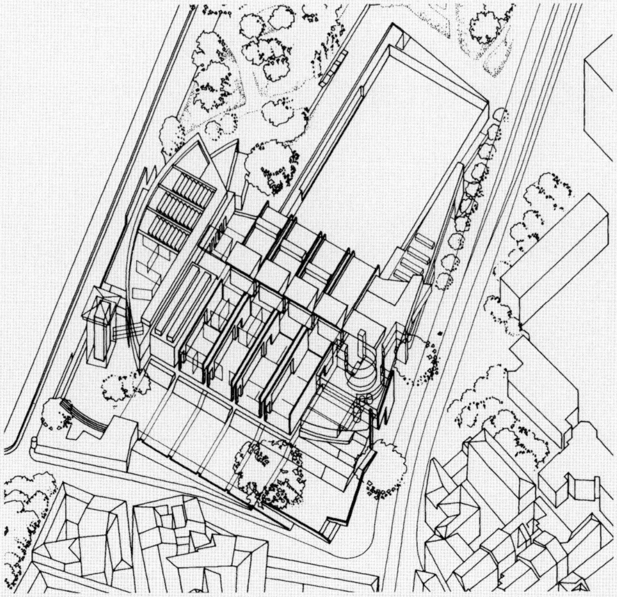

Museumsschiff. Das neue Groninger Museum liegt inmitten des städtischen Kanals.

MENDINI, STARCK, DE LUCCHI, COOP HIMMELBLAU

Schwimmendes Potpourri

GRONINGER MUSEUM

Das im Herbst 1994 eröffnete Kunstmuseum in Groningen, einer mittelgroßen Stadt im Norden Hollands, sicherte ihr über die Grenzen der Region hinaus große Aufmerksamkeit. Aufgrund seiner in vieler Hinsicht provokativen architektonischen Gestik hat das Museum für Furore gesorgt und nicht nur die Kritiker in den Feuilletons auf die Palme gebracht. Schon während der Planung gab es heftigen Streit; Bürgerinitiativen bildeten sich, um das angebliche Schandmal zu verhindern, das den Blick auf die Altstadt zu versperren drohte. Nachdem die Pläne mehrfach geändert worden waren, hat sich das Museum seit seiner Eröffnung inzwischen etabliert. Die unkonventionelle, abwechslungsreich-farbige Struktur dieses von manchen als »Disneyland« titulierten Museums findet viele Befürworter, wenngleich es aus den Schlagzeilen nicht herauskam: Mehr als ein Jahr blieb ein Teil der tiefer gelegenen Räume wegen eines Wasserschadens nicht zugänglich - ein peinlicher Befund, der an der demonstrativen Platzierung des Hauses inmitten eines Kanals einige Zweifel aufkommen ließ. Dennoch kamen die Besucher zahlreich, zwischen 200.000 und 300.000 sind es im Schnitt im Jahr, womit das Haus bis heute zu den meistbesuchten Museen in Holland gehört.

Die Entstehungsgeschichte des Groninger Museums zeigt eine in den letzten Jahren häufig auftretende Tendenz bei städtischen Museumsprojekten. Am Anfang stand die Absicht eines ortsansässigen Unternehmens, anläßlich eines Firmenjubiläums der Stadt mit einem Museum ein Geschenk zu machen, um deren Attraktivität zu erhöhen. Das Museum sollte, so die Überlegungen des Unternehmens, »überraschend«, »festlich« und »auffallend« wirken, ein international reputierter Architekt für zusätzliche Aufmerksamkeit sorgen, bestmögliche Sichtbarkeit und Zugänglichkeit als weitere Kriterien die Besucherorientierung unterstreichen. Die Wahl fiel auf den Mailänder Architekten und Schriftsteller Allessandro Mendini, der in Zusammenarbeit mit den Designern Michele de Lucchi, Philippe Starck und dem Architekturbüro Coop Himmelblau (Österreich/USA) eine spektakuläre Kombination an Formen, Farben und Materialien kreierte, die traditionelle Kriterien der Museumsarchitektur zu revidieren suchte.

Ergebnis dieser Gemeinschaftsarbeit von Architekten und Designern ist ein buntes, reizintensives Architektur-Potpourri, dessen Stil Postmoderne und Dekonstruktivismus verbindet. Der enge Bezug von Architektur, Design und der ausgestellten Kunst ist im Groninger Museum vielleicht am ausgeprägtesten. Maßgeblich hierfür war nicht zuletzt der ehemalige Direktor Frans Haks, dessen Konzeption traditionelle Unterscheidungen zwischen elitärer und populärer Kunst wie zwischen angewandter und freier Kunst nicht vorsah und auf historische Systematisierung der Bestände weitgehend verzichtete. Mit Hilfe der Architektur und der Gestaltung der Ausstellungsräume wurde eine szenische Folge von Gesamtkunstwerken entwickelt, die auf die Vermittlung der Kunstwerke in erster Linie durch ihren Erlebnisgehalt zu zielen scheint.

Bereits die Wahl des Standorts folgt der Idee einer bühnenhaften Inszenierung, um ein hohes Maß an Aufmerksamkeit zu erreichen. Direkt gegenüber dem Hauptbahnhof als Insel auf dem erweiterten, die Stadtmitte durchziehenden »Verbindingskanal« errichtet und nur über Zugbrücken erreichbar, stellt der Museumskomplex für Anreisende das Eingangstor zur Altstadt dar, das allerdings nur Fußgängern und Fahrradfahrern den Durchgang gestattet.

Das farbige, verspielte und in seiner lockeren Struktur einladende Museumschiff besteht aus drei unterschiedlich geformten Pavillons. Die Unterseite der Zugbrücke, die auf die Insel führt, schmückt ein Delfter Kachelmuster. Den Mitteltrakt, den sich im Erdgeschoss die Eingangshalle, die Cafeteria und der Museumsshop teilen, überragt ein fensterloser, mit goldfarbenem Laminat eingehüllter 30 m hoher Turm, der weithin in der Stadt zu sehen ist. Als goldene »Schatzkammer« birgt er das Depot des Museums. Getrennt davon erhebt sich westlich ein von de Lucchi entworfener rechteckiger, rötlicher Ziegelsockel aus dem Wasser, der einen aluminiumverkleideten, mit Vasenreliefs verzierten Rundbau von Starck trägt. Der gegenüberliegende Baukörper ragt als kantiger, nach unten schräg sich verjüngender, blau-violett schillernder Block aus dem Wasser, über dem sich ein verschachtelter Dachaufbau auftürmt. Die pointillistische Farbstruktur der Sockelfassade erinnert an Gemälde von Paul Signac. Verbunden sind die drei Pavillons durch einen im Souterrain, gerade oberhalb der Wasserfläche verlaufenden Gang, dessen Rundbogenfenster mittelalterliche Klosteranlagen andeuten. Der Weg zu den Ausstellungsbereichen führt den Besucher vom Atrium des Mitteltrakts auf einer mit farbigen Mosaiken verkleideten Wendeltreppe zunächst abwärts – ein symbolischer Zugang, der die Intention zum Ausdruck bringt, die Kunst von ihrem hohen Sockel zu holen. Fast alle Innenwände des Museums sind farbig bemalt. Knapp 8.000 qm Ausstellungsfläche sind auf die getrennten Baukomplexe verteilt, entsprechend der Absicht, die unterschiedlichen Bestände des Museums in separaten Ausstellungsbereichen zu präsentieren.

Wie für ein Stadtmuseum üblich, besitzt das Groninger Museum in Art und Qualität sehr unterschiedliche Sammlungsbestände. Bedeutendster Teil ist sicherlich die sehenswerte, rund 8.000 Teile umfassende Samm-

Groninger Museum, Ausstellungstrakt (Coop-Himmelblau)

lung ostasiatischen Porzellans, die in Starcks Rundbau in von weißen Tüchern abgetrennten Kammern präsentiert wird. Die archäologischen und die stadthistorischen Ausstellungsstücke, mehrheitlich Gemälde, Möbel und Bücher, werden in einzelnen, unterschiedlich gestalteten, nur durch Einzelstrahler erhellten kleineren Raumfolgen im Untergeschoss gezeigt – das abwechslungsreiche Ausstellungsdesign stammt ebenso wie die Architektur dieses Traktes von de Lucchi.

Im gegenüberliegenden Bau von Starck haben die Gemäldesammlung, die Sammlung für Gegenwartskunst und Designobjekte Platz gefunden. Dieser dreistöckige Komplex wirkt in seinen beiden unteren Ebenen hinsichtlich der Größe und dem rechteckigen Zuschnitt der Säle auf den ersten Blick traditionell, wären da nicht die schrägen Türsockel und der farbige Anstrich der Wände, die von der bewussten Abkehr von einem auf die Werke konzentrierten Ausstellungskonzept zeugen. Von Rosa und Zartgrün bis zu Violett, Himmelblau und Türkis wird die postmoderne Farbskala durchgespielt. Gegen einen solchen Hintergrund kann sich nicht jedes Bild behaupten. Ausstellungsstücke aus dem Bereich der Mode und Design-Exponate kommen in diesem Ambiente bei geeigneten Lichteffekten gut zur Geltung. Werke der Malerei vom 15. Jahrhundert bis zur Mitte des 20. Jahrhunderts erscheinen hingegen als Relikte einer Tradition, der innerhalb dieser theatralischen Museumsarchitektur vor allem eine dekorative Funktion zukommt. An einem schmalen Durchgang, neben der Tür, die zur Dachterrasse führt, hängt ein Gemälde von Peter Paul Rubens, gegenüber eine Plastik von Jeff Koons – Gegenüberstellungen, die etwas Bemühtes haben.

Die obere Ebene dieses dritten Ausstellungsturms nimmt der teils für Wechselausstellungen reservierte, teils der historischen Gemäldesammlung und den Möbeln gewidmete Saal der Architekten Coop-Himmelblau Wolfgang Prix und Helmut Swiczinsky ein. Deren aufgebrochene Dachwohnung in der Wiener Falkenstraße (1987) zählt zu den Pioniertaten des Dekonstruktivismus. In Groningen haben sie den architektonisch riskantesten, aber auch interessantesten Teil des gesamten Gebäudes geschaffen: einen hohen, unregelmäßig geschnittenen, von mächtigen

Stahlplatten und, wo diese sich überlappen, von Glasfronten eingefassten Saal, durch dessen Mitte auf halber Höhe eine begehbare Brücke führt. Von dieser aus lassen sich am besten die Gemälde betrachten, die an senkrecht von der Decke hängenden Wandflächen angebracht sind. Boden, Wand und Decke scheinen ihrer üblichen Funktionalität entledigt.

In seiner Gesamtheit ist dieses Museum das bestaunenswerte Beispiel für ein Design-Gesamtkunstwerk, das faszinierend und irritierend zugleich den ästhetischen Versuch macht, alles mit allem in Beziehung zu setzen.

Groninger Museum
Museumeiland 1
Postfach 90
NL-9700 ME Groningen
Telefon
+ 31 (0) 50/3 66 65 55
Internet
www.groninger-museum.nl

Öffnungszeiten:
di-so 10 - 17 Uhr
Vom 18. Oktober
bis zum 27. Dezember:
do 10 - 21 Uhr

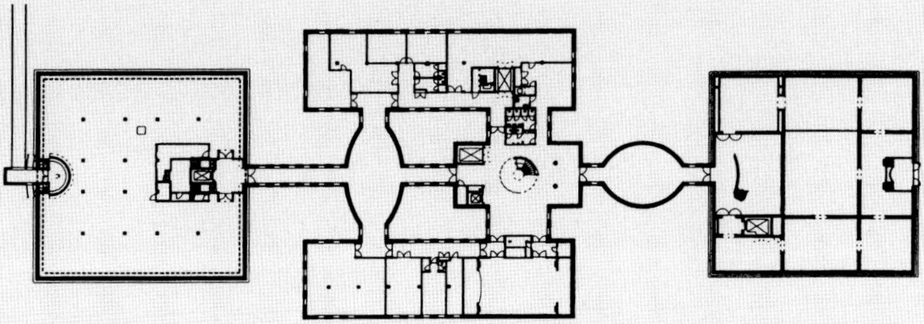

Kontraste. Galerie der Gegenwart und Kunsthalle, Hamburg

OSWALD MATHIAS UNGERS

Tempelberg der Kunst

GALERIE DER GEGENWART, HAMBURG

Von Ferne, etwa vom Jungfernstieg aus, scheint der in zarter Helligkeit schimmernde Kubus zu schweben. Errichtet auf einem steil abfallenden granitenen Sockelgeschoss beherrscht die Anfang 1997 eröffnete Galerie der Gegenwart von O. M. Ungers als markanter, weithin sichtbarer Point de vue das Areal zwischen Binnen- und Außenalster – ein geheimnisvoll wirkendes Monument. Auf zwei Seiten wird das Museumsareal, eine ehemalige Bastion und Teil des Befestigungsringes von Verkehrsadern umschlossen, im Süden durch eine sechsspurige Ringstraße, im Norden durch die Schienenstränge des benachbarten Hauptbahnhofes. Der Raum dazwischen ist kaum hundert Meter breit – eine städtebauliche Herausforderung.

Die Galerie der Gegenwart steht, durch eine Freifläche von ihr getrennt, in Nachbarschaft der alten Hamburger Kunsthalle, einer Doppelanlage bestehend aus einem neoklassizistischen Backsteinbau aus den sechziger Jahren des 19. Jahrhunderts und dem Anbau von Albert Erbe von 1919. Durch den neuen Bau von Ungers hat das langgestreckte, axial angeordnete, von einem massiven Steinsockel zusammengefasste Ensemble nun seinen Abschluss erhalten. Ähnlich der Berliner Museumsinsel sind die Künste in Hamburg damit nun auf einer innerstädtischen »Insel« beheimatet, deren steil abfallende Böschungen den Eindruck einer Festung vermittelt. Tatsächlich war dieser Wall eine ehemalige Bastion und Teil des alten Befestigungsrings Hamburgs. Der Eindruck, einen Tempelberg vor sich zu haben, entsteht vor allem durch die steilen Treppenaufgänge, die zum Eingang des Museums führen. Die Idee eines Aufstiegs zu einem Heiligtum der Kunst erfährt hier eine dramatische Umsetzung. Ungers hat sich hierbei sichtbar von der klassizistischen französischen Revolutionsarchitektur, von Boullée, Ledoux und Durand, inspirieren lassen.

Ein Hauptanliegen beim Neubau war es, der alten Fassade der Kunsthalle ihre Wirkung nicht zu nehmen. Daher hält der Neubau Distanz; von seinem Vorgänger ist er durch eine Freifläche abgegrenzt, die exakt seiner eigenen Fläche entspricht. Der Abstand kommt beiden Gebäuden zugute, die als Gegensatzpaar erkennbar werden: die dekorative Fassadenkunst des 19. Jahrhunderts contra der kühlen Strenge des Neubaus. Den Raum dazwischen nimmt eine etwa einen Meter starke Granitplatte ein, ein »abgeschnittener Pyramidenstumpf« (Ungers), der mit einer umlaufenden Inschrift des Künstlers Ian Hamilton Finlay versehen ist. Der Kunstcharakter, den das Areal dadurch erhält, geht freilich auf Kosten seiner Funktion als öffentlich genutzte, beide Häuser verbindende Piazza. Tatsächlich verbunden sind beide Museumsbauten nur durch eine unterirdische Sockelgeschossebene, die zugleich als Ausstellungsfläche dient. Allerdings kann diese Durchgangs- und Verbindungsebene aufgrund der geringen Raumhöhe ihre Kelleratmosphäre nicht ganz leugnen. Die Bauauflagen der noch unter dieser Ebene liegenden Tiefgarage haben offenbar die geringe Höhe erzwungen. Betritt man die Galerie der Gegenwart durch den künstlich beleuchteten unterirdischen Trakt, wird man die lichte Helle des von Tageslicht durchströmten Neubaus als wohltuend wahrnehmen.

Über einer quadratischen Grundfläche erhebt sich der Bau in der Grundform eines Kubus auf eine Höhe von 30 m. Ohne Dachvorsprung oder Verzierungen bietet der Block in seiner geometrischen Klarheit von allen vier Seiten exakt die gleiche Ansicht. Die Fassaden sind mit weißem portugiesischem Kalkstein verkleidet, der zum roten Granit des um 45 Grad geneigten Sockelbaus angenehm kontrastiert. Die Fronten sind

Ein Haus im Haus. Galerie der Gegenwart, zentrales Atrium

Galerie der Gegenwart,
Ausstellungsraum

durch eine umlaufende Doppelreihe unterschiedlich großer Fenster im unteren Drittel und eine vertikale Fensterreihe in den vier Mittelachsen gegliedert. Das Parterre öffnet sich somit in fast vollständiger Transparenz der Umgebung, doch kann sie insgesamt einen hermetischen Eindruck nicht verhindern. Neben der Geometrie der Fassaden verdankt sich dieser auch der Gliederung des Gebäudes im Inneren, das um einen zentralen Kern ausgerichtet ist. Dieses innerste Heiligtum der Hamburger Galerie ist ein hoher, lichtdurchfluteter, von einem pyramidalen Glasdach bekrönter Lichthof. Zwei in den Ecken diagonal versetzte Treppenaufgänge erschließen helixförmig die oberen Ebenen. Um diesen Kern gliedern sich im Erdgeschoss der Eingangsbereich, ein helles, durch Terrassen nach außen geöffnetes Restaurant, Museumsshop und Veranstaltungsräume. Darüber gruppieren sich auf drei Etagen die Ausstellungsräume. Bilderlos ist dieser Museumskern, der die Architektur als Ursprungskunst zu feiern scheint.

Die räumliche Aufteilung der Galerieräume in Hamburg folgt einem Modulprinzip: die Räume lassen sich in einer Vielzahl von Kombinationen entsprechend unterschiedlichen Erfordernissen von Ausstellungen in ihrer Größe und Form verändern. Dabei erlaubt das Schema des Quadrats eine Variabilität des Raumzuschnitts, ohne die Form grundsätzlich zu verändern. Noch die Farbgebung des Bodens aus quadratischen schwarzen Asphaltplatten unterstreicht dieses Prinzip. Ungers, dessen formales Grundprinzip des Quadrats zu seinem Markenzeichen wurde, hat dessen Variationsbreite auch im Hamburg bis ins Detail umgesetzt. Nicht nur die Gesamtfläche, auch die zentrale Halle, das »Haus im Haus«, folgt mit einer Fläche von 10 x 10 m dem Muster. Unterstrichen wird das Prinzip durch die Gliederung der Fenster, die Deckenvorrichtungen in den Ausstellungsräumen, durch die Innenausstattung des Restaurants. Wie bei den meisten seiner Bauten folgt der 1923 in Köln geborene Ungers, ein Schüler Egon Eiermanns, einer strengen geometrisch-formalen Orientierung, die klassizistische Züge erkennen läßt. Vor allen an seinen neuen Museumsbauten zeigt Ungers' Neorationalismus zunehmend einen hermetisch-sakralen Charakter.

Hamburger Kunsthalle und
Galerie der Gegenwart
Glockengießerwall
D-20095 Hamburg
Telefon
+ 49 (0) 40/4 28 54 26 12
Internet
www.hamburger-kunsthalle.de

Öffnungszeiten:
di-so 10 - 18 Uhr
do 10 - 21 Uhr

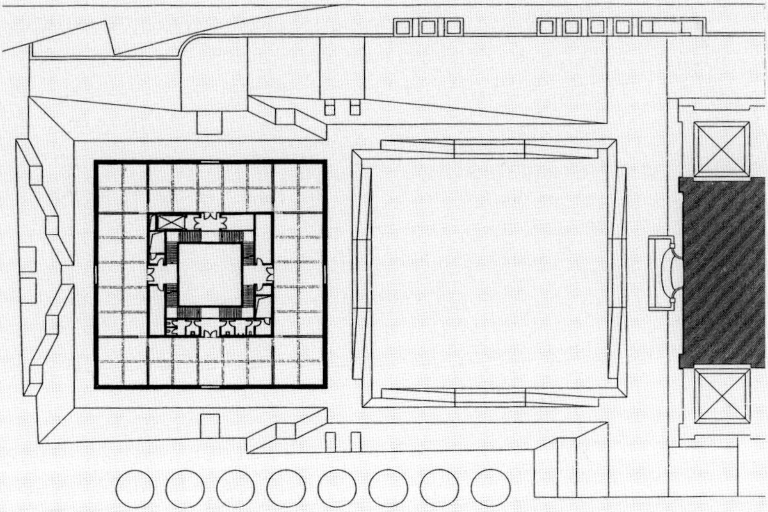

Grundriss Galerie der Gegenwart, Freifläche, alte Hamburger Kunsthalle

Die Sammlung der Galerie der Gegenwart mit ihrem Thema der »zweiten Moderne« ist der deutschen und internationalen Kunst seit den sechziger Jahren gewidmet. Die großen Säle des Untergeschosses dominieren mit den Schwerpunkten Pop Art (v. a. David Hockney), Arte Povera und Minimal Art. Großformatige Installationen von Jannis Kounellis, Mario Merz, Robert Morris und Richard Long, die Installation *Le Suisses Mortes* von Christian Boltanski, Aluminiumkuben von Donald Judd, Arbeiten der Hamburger Konzeptkünstlerin Hanne Darboven sind hier zu sehen. Ein weiteres Hauptwerk des Museums ist Robert Rauschenbergs *Pilgrim*. Im Hauptgebäude hat man eine Unterteilung in deutsche und amerikanische bzw. britische Kunst der letzten Jahre vorgenommen, der jeweils eine Ebene gewidmet ist. Bruce Naumans von der Decke hängende Stahlinstallation *Singing Chair*, ein Raum mit Objekten von Mike Kelly, ein Jeff Koons gewidmeter Raum, der Objekte mit der seltener gewordenen traditionellen Bildform (*Made in Heaven*) kombiniert.

Breiten Raum nehmen die Skulpturen deutscher Künstler (Olaf Metzel, Rosemarie Trockel, Andreas Slominski) und die großformatigen Fotografien der Becher-Schüler Thomas Ruff, Axel Hütte, Andreas Gursky und Thomas Struth aus den neunziger Jahren ein. Eine zusätzliche Note verleihen dem Haus die verschiedenen bei Künstlern in Auftrag gegebenen speziell auf den Bau zugeschnittenen Arbeiten. Die intendierte wechselseitige Bezogenheit von Kunst und architektonischen Elementen wird in Hamburg neben der erwähnten Außenskulptur von Finlay und Arbeiten von Richard Serra und Jannis Kounellis vor allem durch eine Laufschrift von Jenny Holzer realisiert, die an der Decke des Treppengangs vom Altbau ins Untergeschoss installiert ist (*ceiling snake*). Viele Highlights des Hauses, zu denen auch Werke von Polke und Gerhard Richter zählen, sind jedoch nicht ganzjährig zu sehen. Neben den Wechselausstellungen werden in diesem »Haus im Wandel« die eigenen Bestände wechselweise gezeigt.

SCHWEGER & PARTNER

Zentrum für Kunst und Medientechnologie, Rückseite mit Musikstudio

Interaktive Kunstfabrik

ZENTRUM FÜR KUNST UND MEDIENTECHNOLOGIE / MUSEUM FÜR NEUE KUNST, KARLSRUHE

Die Idee für das 1997 eröffnete Zentrum für Kunst und Medientechnologie (ZKM) stammte ursprünglich aus den achtziger Jahren. Unter der Ägide des damaligen Ministerpräsidenten Lothar Späth suchte Baden-Württemberg seinerzeit seine Innovations- und Wettbewerbsfähigkeit auch im Grenzbereich von Medien und Kunst zu demonstrieren. 1989 wurde eine gemeinsam von der Stadt Karlsruhe und dem Land getragene Stiftung gegründet, die sich den Aufbau eines internationalen Kulturzentrums für das digitale Zeitalter zum Ziel gesetzt hatte. Ein erster,

Zentrum für Kunst und Medientechnologie. Eine der zehn ehemaligen Fabrikhallen

viel gerühmter Bauentwurf des Niederländers Rem Koolhaas, der einen futuristischen gläsernen Würfel vorsah, scheiterte an der entsprechenden Finanzierung. Auf der Suche nach einer günstigeren Unterkunft entdeckte man im Südwesten der Stadt eine leer stehende denkmalgeschützte Munitionsfabrik, die im Krieg nicht zerstört worden war. In dem riesigen Gesamtkomplex, der ein ganzes Straßenkarree ausfüllt, sind heute neben dem ZKM die Staatliche Hochschule für Gestaltung, die Städtische Galerie und, seit Ende 1999, das neu installierte Sammlermuseum für Neue Kunst untergebracht. In der Kombination von Museum, Forschungsstätte, Kommunikationszentrum, Veranstaltungsort und Hochschule verstehen sich die Institutionen mit ihrem Fokus auf den neuen Medien als eine Art Schrittmacher auf dem Weg in die Zukunft.

Das Gebäude der Industriewerke Karlsruhe-Augsburg stammt aus dem Jahr 1918. Es ist ein Betonskelettbau mit gewaltigem Volumen: 350 m lang, mehr als 50 m breit, ein Hallenbau, der in seiner Mitte von einem achteckigen Turm bekrönt wird. Das Innere ist in zehn hohe, glasbedachte Hallen aufgeteilt. Das Hamburger Architektenbüro Schweger & Partner, das den Wettbewerb für den Umbau für sich entscheiden konnte, hat sie zu hellen, transparenten und zum Teil miteinander verbundenen Lichthöfen umgestaltet. Freitragende Treppenanlagen verbinden die umlaufenden Galerien. Die Stützen- und Deckenkonstruktion wurde frei sichtbar belassen; der Charakter des Industriebaus tritt deutlich in Erscheinung. Als Ausstellungsfläche dienen neben dem Erdgeschoss die Galerien und die so genannten Spangen zwischen den Lichthöfen. Die denkmalgeschützte neoklassizistische Außenfassade mit ihrer differenzierten Gliederung und den vorgesetzten Treppentürmen blieb erhalten. Ein neuer ockergrauer Putz und rote Ziegeldächer sorgen für eine farbige Betonung des Gebäudes. Die zahllosen Sprossenfenster erhielten eine neue Doppelverglasung, zwischen deren Scheiben die museumsspezifischen technischen Vorrichtungen für Sonnenschutz, Verdunkelung und Tageslichtlenkfunktionen installiert wurden. Die einzige wesentliche bauliche Veränderung im Außenbereich ist – als Wahrzeichen des ZKM – ein blauer Kubus, der an der östlichen Eingangsseite der Front vorgelagert ist (gegenüber des neuen Bundesanwaltschaftsbaus von O. M. Ungers) und ein hochmodernes Musikstudio hinter seinen Fassaden verbirgt. Dank der Dimensionen und seiner Aufteilung scheint der Bau seinen Zwecken offensichtlich gerecht zu werden. Er bietet durch die Lichthofsituation Platz für räumlich voneinander getrennte Bereiche für Dauer- und Wechselausstellungen, Forschungseinrichtungen und Veranstaltungen. Der mittlere Lichthof wird von einem so genannten Medientheater eingenommen, einer Black Box, die als Schauplatz für multimediale Vorführungen genutzt wird.

Durch separate Eingänge zugänglich sind die Staatliche Hochschule für Gestaltung, die Städtische Galerie und in den beiden nördlichen Lichthöfen das Museum für Neue Kunst. Das ZKM selbst beansprucht die mittleren vier Lichthöfe. Den Besucher empfängt hier eine lichte Halle mit Informationsständen und einem Selbstbedienungsrestaurant. Nachdem ein Großteil der Werke in das Museum für Neue Kunst umgezogen ist, bleibt die gesamte Fläche des Erdgeschosses nun Wechselausstellungen vorbehalten. Die im ersten Obergeschoss befindliche Mediathek - die erste Einrichtung ihrer Art - enthält eine Sammlung von Videokunst, daneben eine 12.000 Musiktitel umfassende Audiothek und eine Bibliothek mit 20.000 Büchern und 120 Kunstzeitschriften. Nicht öffentlich zugänglich sind die Institute für Bildmedien für Musik und Akustik sowie die Ateliers für die meist das ganze Jahr über gastierenden Künstler aus aller Welt. In seiner Gesamtheit verbreitet das Haus mit seinem aufgefrischten, altindustriellen Ambiente eine dem Charakter des Projekts entsprechende Werkstattatmosphäre - eine Kulturfabrik eben.

Herzstück ist das Museum für neue Medien, das neben dem Inter Communication Center in Tokio und der Ars Electronica in Linz als wichtigste Institution gilt, die sich den beweglichen Bildern verschrieben hat. Die Medienkunst, die in Form sowohl von Videoskulpturen als auch in Form von Videobändern Eingang in das Museum gefunden hat, kann in Karlsruhe die gesamte Bandbreite ihrer Möglichkeiten ausspielen. Klassiker der Videokunst, wie Nam June Paik, sind ebenso zu sehen wie raumgreifende Installationen z. B. von Frank den Oudsten *(Floating Identities)* oder Jeffrey Shaw *(Disappearance)*. Der Schwerpunkt in Karlsruhe aber liegt im Bereich der so genannten interaktiven Medienkunst. Auf den Galerien und Spangen zwischen den Lichthöfen sind in separaten Kammern annähernd 30 interaktive Installationen und Environments aufgebaut, die überwiegend in den Räumen des ZKM selbst entwickelt wurden. Mit ihnen wird nach den Worten des 1999 verstorbenen Gründungsdirektors des ZKM, Heinrich Klotz, »die Grenze der Kunst überschritten, die Rezeptionsweisen, d. h. die audiovisuellen Wahrnehmungsformen, ... zum umfassenden Thema erhoben.« In der Rauminstallation *beyond pages* des Japaners Masaki Fujihata zum Beispiel lässt sich ein auf einen Tisch projiziertes Buch mit einem Stift berühren, worauf nicht nur dessen Seiten sich scheinbar von selbst umblättern, sondern der abgedunkelte Raum insgesamt optischen und

Zentrum für Kunst und Medientechnologie, Interaktive Kunst 1 (Neue Medien)

akustischen Veränderungen unterworfen wird – ein Symbol für die Macht der Schrift. In einer Installation von Luc Courchesne kann man in verschiedenen Sprachen in Konversation mit dem virtuellen Porträt einer Frau treten. In einem anderen Raum wird durch die Berührung natürlicher Pflanzen mit der Hand deren Wachstum virtuell an die Wandfläche projiziert. Gelegentlich erscheinen der Aufwand der Installationen und die tatsächlichen Möglichkeiten der Interaktion in einem etwas ungleichen Verhältnis. Peter Weibel, der das ZKM seit 1999 leitet, sieht den Entwicklungsstand der Medienkunst im Vergleich mit dem Film noch im Zustand der »Präkinematografie«, die die Erfindung des Projektors noch vor sich hat. Das Medienmuseum wird ergänzt durch Einrichtungen, die in erster Linie didaktischen Zwecken dienen:

so genannte Laboratorien, ein Internet-Cafè und diverse Computerspiele, die den Umgang mit neuen Medien anhand von Programmierbeispielen veranschaulichen. Es ist daher kaum überraschend, dass das ZKM vor allem ein jüngeres Publikum anzieht; über 50 Prozent der Besucher sind unter 30 Jahre alt.

Das 1999 eröffnete Museum für Neue Kunst enthält neben hauseigenen Beständen Dauerleihgaben, die dem Museum von Sammlern (Froehlich, Burda, Weishaupt, Rentschler, Grässlin) zur Verfügung gestellt wurden. Der Herausforderung, traditionelle Werkkomplexe, vor allem Gemälde, in einem hallenartigen Ambiente zu zeigen, sind die Ausstellungsma-

Zentrum für Kunst und Medientechnologie,
Interaktive Kunst 2 (Beyond pages, Masaki Fujihata)

cher begegnet, indem sie Stellwände platzierten, mit denen den Arbeiten ausreichend Raum belassen werden konnte. Größeren Installationen fehlte nach Direktor Götz Adriani auf Grund der geringen Deckenhöhe auf den Galerien ohnehin der Atem. Das Spektrum der Sammlungen reicht von der amerikanischen Farbfeldmalerei (u. a. Mark Rothko, Elsworth Kelly), über Pop Art (u. a. Andy Warhol, Robert Rauschenberg) zu Minimal Art (u. a. Donald Judd, Carl Andre). Die deutsche Malerei der Gegenwart ist mit Arbeiten von Georg Baselitz, Anselm Kiefer, Gerhard Richter und Sigmar Polke vertreten. Mit weiteren prominenten Namen wie Per Kirkeby, Albert Oehlen, Günter Förg, Sean Scully und Willem de Kooning bietet das Museum für Neue Kunst einen reichen Überblick über die Malerei der letzten Jahrzehnte.

Museum für neue Kunst
ZKM
Lorenzstraße 19
76135 Karlsruhe
Telefon
+49 (0)7 21/81 00-0
internet
www.zkm.de

Öffnungszeiten:
mi-sa 10 - 20 Uhr
so 10 – 18 Uhr

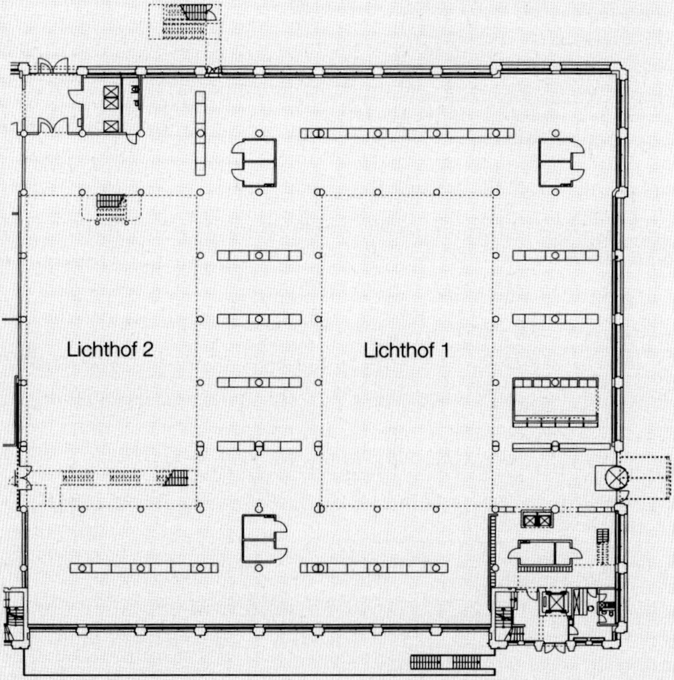

INTERVIEW MIT PETER SCHWEGER

Welche Grundsätze sind für Ihren Architekturstil leitend?

Die drei wichtigsten Grundsätze lauten Gebrauchswert, ästhetischer Wert und Ort. Maßgeblich waren hierbei für mich der Philosoph Georg Lukàcs und der Soziologe Norbert Elias, die ästhetische Gesetze und soziologische, soziale und kulturhistorische Aspekte des jeweiligen Ortes unterstrichen haben.

Mit Karlsruhe und Wolfsburg haben Sie erstmals auch im Museumsbau Zeichen gesetzt. Welche Überlegungen waren hier für Sie maßgebend?

Vor allem in Wolfsburg, aber auch im ZKM in Karlsruhe war unter anderem auf Grund der museologischen Vorgaben das Prinzip der Rotation maßgeblich. Einerseits muss Raum für permanente Sammlungen bleiben, ein Großteil der Räume aber gleichzeitig wechselweise bespielbar sein. Dies bedingt in hohem Maß eine Neutralität der Räume. Im Kunstmuseum Wolfsburg war die Idee im Wesentlichen die eines überdachten Innenhofes, das den Himmel durch eine kompliziertes Lichtsystem natürlich gefiltert in die Halle hineinholt, keine Black Box. In den umliegenden Galerieräumen und Kabinetten werden hingegen andere Situationen, eben auch die Black-Box-Idee, verwirklicht und unterschiedliche Inszenierungen möglich.

Beide Museen wirken ausgesprochen technisch.

Zum Teil waren auch in dieser Hinsicht die Vorgaben der Bauherren maßgebend. Das ZKM sollte bewußt den Werkstattcharakter demonstrieren. Der Anspruch der grundsätzlichen Wandlungsfähigkeit läßt die Technik deutlich zutage treten. Hier ist auch bei der weiteren Gestaltung vieles noch im Fluß. Der neue Direktor legt den Akzent mehr auf Events und den Studiocharakter. Der Einbau von Technik war aus Gründen der baulichen Substanz erforderlich. Sie trägt zu diesem Charakter erheblich bei. Das Sammlermuseum hat hingegen aufgrund seiner Konzeption – Veränderungen in größeren Intervallen – mehr Statisches. Insofern kommen diese Vorgaben meinen Prinzipien bei Umbauten generell entgegen: Was neu hineinkommt, sollte ablesbar sein und bleiben.

Öffentlicher Raum spielt bei Ihren eine große Rolle. Wie kommt dies zum Ausdruck?

In Wolfsburg vor allem durch den Loggiacharakter des Gebäudes. Der Wettbewerb beinhaltete auch die Gestaltung des gesamten Raumes am Ende der Porschestraße, für die das Museum den Abschluss bilden sollte. Entsprechend war die Aufgabe. Auch die Tiefgarage und der U-Bahn-Eingang war mit dem Museum zu kombinieren. Der Loggiacharakter mit dem weit vorrganenden Dach war die für diese Aufgabe nach unserer Auffassung geeignetste Lösung. Die städtebauliche, auch sozial bedingte Komponente spielt generell eine hervorragende Rolle bei unseren Entwürfen.

OSWALD MATHIAS UNGERS

Kunst der Kuben.
Wallraf-Richartz-
Museum, Köln.

Altstadt-Palazzo

WALLRAF-RICHARTZ-MUSEUM, KÖLN

Im kleinteiligen historischen Geviert der Kölner Altstadt, zwischen Rathausplatz und dem historischen Gürzenich-Festsaal, liegt das neue Wallraf-Richartz-Museum. Seine Sammlung war zuvor im Museum Ludwig beherbergt und musste von dort, entsprechend den Auflagen des Sammlers Peter Ludwig, der für seine Sammlung einen eigenen Bau vorsah, ausziehen. Der Neubau von Ungers ist bereits das vierte Domizil der 170-jährigen ehemaligen Privatsammlung – ein gravitätischer Kubus, der sich entlang des westlichen Quatermarkts in drei einzelne Bauteile auffächert. In die hellen glatten Tuffsteinfassaden sind im Stil des 19. Jahrhunderts dunkle Schiefertafeln mit den Namen der Künstler eingelassen, die den Besucher im Inneren als Glanzpunkte der traditionsreichen Sammlung erwarten.

Die Entscheidung für ein eigenständiges Museum für die einzige historische Gemäldesammlung des Landes Nordrhein-Westfalen kann man angesichts der nun zur Verfügung stehenden Räumlichkeiten und angesichts des gewählten Platzes nur begrüßen. Das Museum ist gewissermaßen an seinen Ursprung zurückgekehrt, da die Schwerpunkte der Sammlung, die mittelalterliche Tafelmalerei, gut in eine Nachbarschaft passen, die von der Ruine der gotischen St. Alban Kirche und den mittelalterlich-römischen Mauerresten geprägt ist, auf denen der Bau aufsitzt. In unmittelbarer Nachbarschaft, in der Gasse In der Höhle, lebte und arbeitete Stephan Lochner, Hauptmeister der Kölner Malerschule im 15. Jahrhundert. Seine Werke gehören zu den Höhepunkten der Sammlung. Auf diesen topografischen Bezug nimmt der Bau von Ungers in origineller Weise Rücksicht, indem er die alte Gasse ins Zentrum seiner Anlage stellt.

Über einem Sockel aus Basaltlava erhebt sich die geschlossene, ungewöhnlich homogen wirkende Fassade aus hellgrauen Tuffsteinquadern – eine Reminiszenz an die Fassadenkunst der romanischen Kirchen Kölns. In Kombination mit den dunklen Schieferplatten des englischen Bildhauers

Wallraf-Richartz-Museum
D-50667 Köln
Telefon
+ 49 (0) 2 21/22 12 76 94
Internet
www.museenkoeln.de

Öffnungszeiten:
mi-fr 10 - 18 Uhr
di 10 - 20 Uhr
sa / so 11 - 18 Uhr

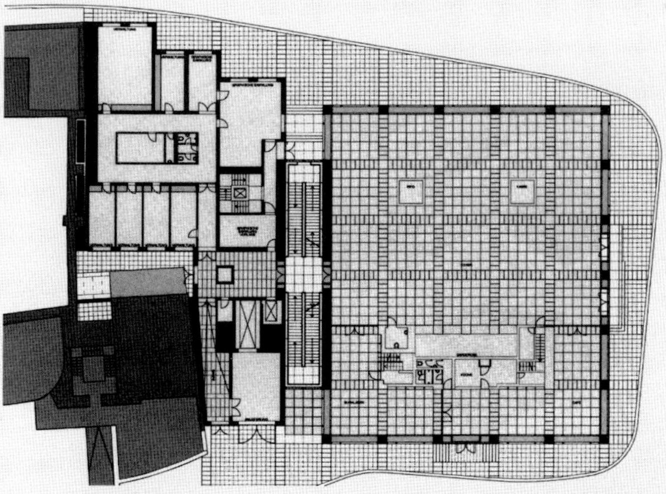

Hamilton Finlay, die die ursprünglich geplanten, aus konservatorischen Gründen nicht möglichen Fensterschlitze ersetzen und die Etagen andeuten, vermittelt sich die feierliche Aura eines Denkmals. Durch die Verbindung der Architektur mit den in Stein gemeißelten Namen erhält der Ungerssche Bau eine sakrale Note. Wie in Hamburg hat Ungers in Köln einen Museumstempel geschaffen, der die Architektur zu einem überzeitlichen Kunstheiligtum zu erheben scheint. Aufgelockert wird die Hermetik des Baus durch drei große, vertikal angeordnete, quadratische Panoramafenster an der Nordwestecke des Kubus und das transparente Erdgeschoss, dessen entspiegelte Glasfenster den Passanten einen Blick in das ausgedehnte Foyer erlauben.

Wallraf-Richartz-Museum, Ausstellungshalle, mittelalterliche Kunst

Der dreistöckige Doppelbau besteht aus zwei klar getrennten Bauvolumen, die sich in den Ausstellungsbereich einerseits, den Verwaltungs- und Veranstaltungsbereich andererseits aufteilen. Ein kubischer, auch nach außen als Solitär wirkender Baukörper schließt das Straßenkarree zum Rathausplatz hin ab, während der dreifach gestaffelte Baukörper des südlich angrenzenden Verwaltungsbereichs die heterogene Front des weiteren Straßenverlaufs aufnimmt. Die angrenzende gotische Kirchenruine von St. Alban, das Zwischenstück aus den fünfziger Jahren und der abschließende, nach dem Krieg wieder aufgebaute Gürzenich-Saal werden so in den Gesamtkomplex eingebunden. Zwischen den beiden Teilen

Wallraf-Richartz-Museum,
Stiftersaal

des Museums ist ein schmales, verglastes Treppenhaus als Fuge hineingesetzt, das sämtliche Ebenen erschließt und gleichzeitig – dies die Pointe – den historischen Verlauf der Gasse In der Höhle maßgerecht nachzeichnet.

Das Innere des Ausstellungstraktes ist klar proportioniert. Schon im Foyer fallen zwei Reihen von je vier Stützpfeilern auf, die das gesamte Gebäude durchziehen und, zum Teil in die Wände einbezogen, die Raumaufteilung vorgeben. Auch in dieser Hinsicht sind historische Vorgaben buchstäblich maßgeblich. Die Proportionen der Räume sind von einem Modul bestimmt, das vom Vierungsquadrat der Kirchenruine von St. Alban abgeleitet

ist. Dieses quadratische Grundmuster von knapp einem Quadratmeter ist nahezu überall im Museum erkennbar; im Eingangsfoyer beispielsweise im Deckenraster, das sich im Fußboden, in der Struktur der Parkettverlegung, widerspiegelt. In vier jeweils ca. 950 qm große Ausstellungsebenen ist das Museum aufgeteilt, die chronologisch den verschiedenen Sammlungsbereichen gewidmet sind: im ersten Stockwerk die Malerei des Mittelalters, im zweiten die des Barock, dem im Obergeschoss abschließend die Malerei des 19. Jahrhundert folgt. Im Untergeschoss sind in einem Nebenraum römische und mittelalterliche Bodendenkmäler integriert, während die übrige Fläche für Wechselausstellungen reserviert bleibt.

Die Grundrisse der vier Stockwerke zeigen leicht variierte Raumanordnungen. Unterschieden sind die Ebenen vor allem durch die Farbgebung der Wände. Statt des vertrauten Weiß wurde überall ein farbiger Freskoputz gewählt. In der mittelalterlichen Abteilung umgibt ein heller Terrakottaton, (der Farbgebung eines der ausgestellten Gemälde entsprechend) die Altar- und Andachtsbilder. Die Barockabteilung ist in einem hellen Canaletto-Grün gehalten, während das 19. Jahrhundert im zweiten Geschoss in ein neutrales, helles Grau getaucht ist. Es überwiegen so genannte echte, geschlossene Räume, zumeist in Kabinettgröße, die die andächtige Atmosphäre verstärken. Ihre Anordnung ist historischen Vorbildern entlehnt: Der Grundriss des Mitteltalter-Stockwerkes etwa, mit einem zentralen kreuzförmigen Raum, den eine Sequenz von Kabinetten umschließt, ist eine Variation des Grundrisses der palladianischen Villa Malcontenta. Im Mittelraum sind die großen Tryptichen des 14., 15. und 16. Jahrhunderts zu bewundern. Nahezu sämtliche Räume erhalten ausschließlich Kunstlicht, dessen Konstanz eine etwas steril wirkende Feierlichkeit bewirkt.

Das Wallraf-Richartz-Museum ist vor allem für die Altkölner Malerei und die niederländische und altdeutsche Tafelmalerei berühmt. Doch auch die anderen Abteilungen sind mit großen Namen und einer ganzen Reihe von Hauptwerken vertreten: das Barock mit Werken von Jan van Dyck, Jacob Jordaens, Rembrandt mit einem späten Selbstbildnis, Tizian, Bordone und Tintoretto, Esteban Murillo und Ribera, Claude Lorrain mit zwei großen Landschaften; das 19. Jahrhundert mit Werken von Josef Anton Koch und Carl Blechen, Max Slevogt und vor allem der in Köln geborene Wilhelm Leibl, sowie auf französischer Seite Courbet und einer Auswahl von Impressionisten.

Gegenüber der Treppe befindet sich – als architektonische Attraktion – der zwei Stockwerke einnehmende Veranstaltungssaal, der ein weiteres Mal die geschichtsträchtige Lage des Museums vor Augen führt. Fast seine gesamte südliche Front ist verglast und bietet durch die direkt angrenzenden gotischen Fenster von St. Alban den Durchblick in das Innere der benachbarten Kirchenruine – Mittelalter wohin man blickt.

Tate Modern.
Das ehemalige Kraftwerk liegt an Southside, dem südlichen Themseufer, gegenüber St. Pauls.

Power House der Kunst

TATE GALLERY OF MODERN ART, LONDON

Als am 11. Mai 2000 die neue »Tate Modern« in der alten Power Station am südlichen Themseufer von Queen Elizabeth eingeweiht wurde und zuvor Hunderte von Journalisten sich in der riesigen Turbinenhalle des für 132 Millionen Pfund umgebauten Industriebaus versammelten, konnte dem Beobachter einmal mehr die immense öffentliche Bedeutung von Kunstmuseen deutlich werden. Größerer Raum, größere Aufmerksamkeit sind selten einem neuem Museum zuteil geworden. Die BBC berichtete live, eine Woche lang wechselten Empfänge mit Vorbesichtigungen und Prominentenpartys. Seit Eröffnung stehen die Menschen an den Eingängen Schlange. Endlich hatte London das lange vermisste Museum für die Kunst der Moderne erhalten, mit dem sich die Stadt als Kunstmetropole auf eine Stufe mit Paris und New York, mit dem Centre Pompidou und dem Museum of Modern Art, gestellt sieht. Die alte Tate Gallery auf der anderen Flussseite war zu klein und mit ihren Beständen englischer Malerei und Gegenwartskunst konzeptionell zu disparat geworden.

Tate Modern.
Ausstellungsraum
(Sektion Landschaft)

Die Königin kam nicht zum ersten Mal in das Gebäude an die Southside. 1962 hatte sie das von Sir Giles Gilbert Scott (dem Baumeister der Liverpooler Kathedrale und Erfinder der roten Telefonhäuschen) erbaute, ölbefeuerte Kraftwerk schon einmal eröffnet, das seinen Betrieb wegen mangelnder Umweltverträglichkeit bereits in den 1970er Jahren wieder einstellen mußte. Nun ist nach Jahrzehnten des Stillstands ein neues, ganz anders geartetes Energiezentrum entstanden, ein *power house* der Kunst. Mit der neuen Tate wurde eine wichtige Infrastrukturmaßnahme realisiert, von der man sich die Wiederbelebung dieses vernachlässigten Londoner Hinterhofs südlich der Themse verspricht. Hier haben sich bereits das benachbarte Globe Theatre, das neu installierte Riesenrad und der Millennium Dome als (mehr oder weniger erfolgreiche) Attraktionen etabliert. Mit der neuen Tate rechnet man als weiterem Publikumsmagneten, der nach Studien von Unternehmensberatungen 90 Millionen Pfund pro Jahr einbringen soll.

Für die Entscheidung, im Industrieviertel Southwark eine alte Fabrik zum Museum umzubauen, waren sicherlich nicht nur Platzgründe ausschlaggebend. Mehr denn je wird heute der ästhetische Reiz von Industriebauten wahrgenommen, die gerade für Gegenwartskunst einen bevorzugten Rahmen bilden. Das Kraftwerk an der Themse stellt zudem eine der markantesten Londoner Landmarks dar. Die beiden Schweizer Architekten Jacques Herzog und Pierre de Meuron, die zusammen mit den Partnern Harry Gugger und Christine Binswanger unter 144 Teilnehmern den Wettbewerb gewonnen hatten, ließen, ähnlich wie beim Umbau der Küppersmühle im Duisburger Hafen (Museum Grothe), den ursprünglichen Charakter des Gebäudes bestehen. Der dunkelbraune, in seinen Dimensionen fast bedrohlich wirkende Ziegelbau, ein stilistisch einzigartiges Monument mit Art-Deco-Zügen und einer »aztekischen« Anmutung, wurde durch zwei optisch einprägsame, gläserne Etagen aufgestockt, die der Monumentalität des Baus sichtbar entgegenwirken. Hauptziel des Umbaus war der Versuch einer optischen wie konkreten Öffnung des verschlossen wirkenden Gebäudes. Neben dem Haupteingang, an der westlichen Schmalseite, wurden weitere Zugänge auf der gegenüberliegenden Schmalseite wie auf der Flußseite installiert, die durch eine neue Grünanlage an Attraktivität gewonnen hat. Das hervorstechendste Merkmal des Standorts ist der offenbar bereits beim ursprünglichen Bau beabsichtigte Bezug zu Christopher Wrens St. Pauls Cathedral auf der anderen Flussseite, der er sich mit seinem fast 100 m hohen Kamin ebenbürtig zeigt. Zwei scheinbar gleichgewichtige Monumente stehen sich gegenüber, die jetzt durch Sir Norman Fosters neue Fußgängerbrücke (Millennium Bridge) miteinander verbunden werden.

Das Innere der Tate Modern ist zweigeteilt. Die Ausstellungs- und Veranstaltungsräume befinden sich im nördlichen, dem Fluss zugewandten Trakt, dem ehemaligen »Boiler House«, während die südlich angrenzende, riesige Turbinenhalle als Atrium fungiert. Auf der westlichen Schmalseite, an der sich der Haupteingang befindet, führt eine die gesamte Breite des Raumes einnehmende Rampe abwärts auf den bis unter das Niveau der Themse abgesenkten Boden. Von hier aus kann der Besucher die Dimensionen überschauen: 155 m Länge, 35 m Höhe, 23 m Breite. An den Längsseiten betonen schwarz lackierte, vertikale und horizontale Stahlstreben die Massivität der Konstruktion; der Boden ist aus poliertem Beton, die Glasdachpaneele wurden erneuert. Vom früheren

Maschineninventar hat man die gewaltigen, unterhalb der Decke verlaufenden so genannten Portale belassen: bewegliche Kranvorrichtungen, die jetzt Kunstwerke transportieren. Die Wirkung dieser ansonsten entleerten Industriehalle ist auf Grund ihrer Dimensionen enorm. Sie wird noch verstärkt durch die installierte Kunst: drei riesige, teilweise begehbare Bronzeskulpturen der Amerikanerin Louise Bourgeois, die wie Riesenameisen nun die überdachte Avenue bevölkern.

An der linken Innenwand der Halle haben die Architekten gläserne, aus Milchglas gefertigte Lightboxes oder Bay Windows angebracht, die wie Logen die jeweiligen Stockwerke markieren und dem Halleninneren zusätzlich künstliches Licht spenden. In sieben Stockwerken wurde dieser zum Fluss liegende Trakt unterteilt. Drei davon sind der Kunst vorbehalten, das Erdgeschoss der größten Kunstbuchhandlung Londons, und im Bereich der Straßenebene befindet sich eine Cafeteria, deren Glasfront auf eine Terrasse führt. Eine weitere Ebene nehmen Veranstaltungsräume ein, eine andere ist für Sonderschauen reserviert. Auf der siebten Ebene kann man von einem Restaurant aus einen spektakulären Rundblick über die City von London genießen. Zwei Ebenen mit je 6.000 qm Ausstellungsfläche sind der ständigen Sammlung der Tate Modern gewidmet; die Gesamtausstellungsfläche umfasst 13.000 qm. Die Ausstellungsräume selbst sind überwiegend neutrale, weiße Kuben, die auf die optische Verbindung mit der Turbinenhalle großenteils verzichten. Im dritten Stock wurde ein grober Kiefernholzboden eingesetzt, der den Werkstattcharakter dieser Etage unterstreicht. Der im fünften Stock verwendete polierte Betonboden wirkt hingegen kühler und antwortet in seiner Gestaltung auf das in mehreren Räumen durch Glasbänder einfallende kühle Tageslicht. Diese hohen Galerieräume überzeugen auf Grund ihrer Beleuchtungssituation am meisten. Ein anderer Teil der Räume erhält zusätzlich Seitenlicht durch die ursprünglichen, in schmale senkrechte Streifen unterteilte, wandhohen Fenstergruppen; die kleineren Galerieräume hingegen ausschließlich Kunstlicht durch in die Gipsdecke eingelassene Glasbänder. Proportional fragwürdig erscheint die mit 7 x 8 m vergleichsweise geringe Größe einiger Räume, die die Dimension der Halle vergessen läßt.

Tate Modern. In der riesigen Eingangshalle des ehemaligen Turbinenwerks finden selbst große Skulpturen wie diese bedrohlich wirkende Arbeit von Louise Bourgeois ihren Platz.

Tate Modern gehört mit ihren Beständen zur Kunst der Moderne und Gegenwart zu den großen Häusern der Welt, bei unterschiedlicher Gewichtung einzelner Epochen. Die klassische Moderne steht weit weniger im Mittelpunkt als die internationale Kunst nach 1945. Unter der Leitung des schwedischen Direktors Lars Nittve hat man statt der üblichen Chronologie der Stilepochen als Gliederungsprinzip vier Themenbereiche gewählt, in Anlehnung an eine von der französischen Akademie im 18. Jahrhundert eingeführte Aufteilung: Landschaft/Materie/Umwelt, Stilleben/Objekt/wirkliches Leben, Akt/Bewegung/Körper sowie Geschichte/Erinnerung/Gesellschaft. Sie werden auf den beiden der Sammlung vorbehaltenen Etagen in vier Raumfolgen präsentiert. Diese Konzeption führt zu häufig überraschenden Abwechslungen, allerdings auch zu Zusammenstellungen und Reihungen, die sich kontrovers diskutieren lassen. Die Sektion »Landschaft« beispielsweise reicht vom Kubismus und Fauvismus bis zur LandArt der sechziger Jahre, bezieht aber auch die Phantasielandschaften etwa der Surrealisten mit ein. Die Sektion »Geschichte« beginnt mit der abstrakten Avantgarde der ersten Jahrzehnte des letzten Jahrhunderts und wird mit Pablo Picasso und Andy Warhol fortgeführt. Weitere Werke dieser Sektion stammen von Georg Baselitz und Anselm Kiefer, Gilbert & George und Richard Hamilton, die sich mit Fragen der jeweiligen Nationalität beschäftigt haben. Eingereiht hierbei sind ferner z. B. der Lichtinstallationskünstler Dan Flavin und die Amerikanerin Jenny Holzer mit ihren sozialkritischen Leuchtschriften. Zur Sektion »Akt/Bewegung/Körper« wird die Objektkunst der 1960er Jahre gerechnet und – in einem »Der wahrnehmende Körper« betitelten Raum – die raumbezogenen Objekte der Minimal Art (Robert Morris, Donald Judd, Carl Andre und Eva Hesse). Ein anderer Raum stellt Giacomettis feingliedrige figürliche Skulpturen der Farbfeldmalerei des Amerikaners Barnett Newman gegenüber – in der neuen, sich weiterentwickelnden Tate Modern gibt es viel zu entdecken. Für die Zukunft ist eine Erweiterung um einen dritten Gebäudetrakt vorgesehen, das südlich an die Halle grenzende ehemalige Switchhouse, in dem derzeit noch die Transformatoren summen. Wie aus den Plänen vorerst nur zu ahnen ist, warten im dortigen Kellergeschoss zylindrisch geformte Räume auf eine entsprechende Bespielung durch die Kunst.

Tate Gallery of Modern Art
Bankside Power Station
25, Sumner Street
GB-London SE 1
Telefon
+ 44 (20) 78 87 80 00
Internet
www.tate.org.uk/modern

Öffnungszeiten:
so-di 10 - 18 Uhr
fr / sa 10 - 20 Uhr

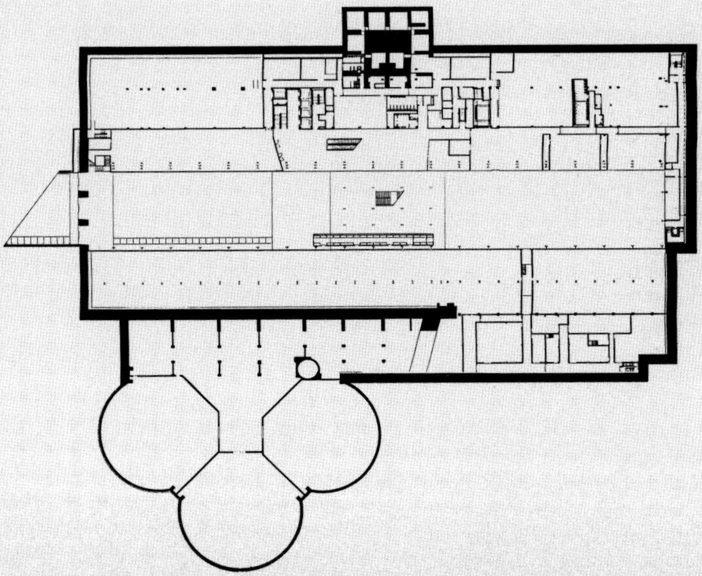

RENZO PIANO

Musée d'art contemporain. Pianos neuer Trakt fügt sich an ein altes Ausstellungsgebäude aus dem 19. Jahrhundert.

Installationen

MUSÉE D'ART CONTEMPORAIN, LYON

Das Musée d'art Contemporain in Lyon präsentiert seinen umfangreichen Bestand der Gegenwartskunst wie ein reines Ausstellungshaus in jährlich mehrmals wechselnden Ausstellungen. Der Kern ist eine bedeutende, in den siebziger Jahren unter dem Namen »Espace Lyonnais d'Art Contemporain« begonnene Sammlung von Installationen, der größten Sammlung dieser Art in Europa. 1995, anlässlich der 3. Internationalen Lyonner Biennale für Gegenwartskunst, verließ man das Palais des Beaux-Arts im Zentrum, um in ein neues Domizil vor den Toren der Stadt zu ziehen. Der neue Museumsbau ist ein dreistöckiger Kubus, den der in Paris, Genua und Mailand arbeitende Renzo Piano in eine moderne kleine Stadt eingefügt hat. Diese Cité Internationale, deren Gesamtkonzeption ebenfalls von Piano stammt, wurde um das ehemalige Messezentrum der Stadt herum, entlang der Rhone, entwickelt. Sie besteht neben einem neu errichteten Kongressgebäude aus einer Sequenz von Bürobauten, einem Hotel, einem Multiplex-Kinocenter und ihm gegenüber, eben dem neuen Museum. Rund die Hälfte der insgesamt 16 geplanten Gebäude sind fertiggestellt. In zwei Reihen flankieren sie eine 750 m lange, von einem gläsernen Dach bedeckte Fußgängerpassage, die dem Verlauf der Rhone in leichtem Bogen folgt. In ihren Dimensionen erscheint diese Shoppingmall durchaus human und moderat modern und vermittelt dank des ausgedehnten Parkgeländes Tête d'Or, das auf der Flussseite direkt an den Gebäudekomplex grenzt, einen freundlichen Gesamteindruck. In Zusammenarbeit mit dem Landschaftsarchitekten Michel Courajond wurde ein »urbaner Mikrokosmos« entwickelt, der »das von mir seit Jahren kultivierte humanistische Modell der Stadt umzusetzen« (Renzo Piano) versucht.

Nähert man sich von der Innenstadt, bildet das neue Museum den Auftakt der Musterstadt. Man erkennt zunächst ein in seinem Kontrast auffallendes, aus zwei Hälften bestehendes Doppelgebäude, das einen Altbaukörper mit einem Neubau verbindet. Ein weißer, schmaler Baukörper, dessen Fenster einen Treppengang erkennen lassen, schließt sich an einen Neubaukubus aus rötlichen Terrakottaschindeln an, die dem gesamten Komplex der Cité die einheitliche Prägung geben. Piano spricht in diesem Zusammenhang vom »Treibhauseffekt«, der sich den optischen wie den wärmeregulierenden Eigenschaften dieses Fassadenmaterials verdankt: »Der äußere Schutz der Gebäude wird primär durch eine Terrakottaverschalung gewährleistet, die nicht nur sehr gut auf die klimatische Beanspruchung reagiert, sondern den Häusern außerdem eine warme Färbung und eine feinkörnige Oberflächenstruktur verleiht.« Während sich das aus den dreißiger Jahren des 19. Jahrhunderts stammende klassizistische ehemalige Palais de la Foire, das alte Messezentrum, mit seiner breiten, durch ein Mittelrisalit gegliederten Fassade zum Park öffnet, grenzt der Neubau an die überdachte Fußgängerzone, der er durch die teilweise verglaste Front hindurch sein Innenleben zeigt. Sowohl von der Park- wie von der Straßenseite kann man das Atrium betreten, in dem eine Treppe zu einem erhöhten Mittelteil führt. Von hier aus werden durch seitliche Treppenaufgänge die drei Ausstellungsebenen erschlossen.

Musée d'art contemporain. Altbau

Da es sich bei Installationen um Kunstwerke mit anspruchsvollem Raumbedarf handelt – wollte man alle Werke der Sammlung zeigen, wäre eine Ausstellungsfläche von 13.000 qm erforderlich –, sind Wechselausstellungen allein aus Platzgründen zwingend. Entsprechend variabel sind die Räume mit insgesamt 2.700 qm Ausstellungsfläche. Sie erlauben einen vollständigen Umbau für jede einzelne Ausstellung, demontierbare Wände ermöglichen die verschiedensten Raumzuschnitte und Raumfolgen. Eingehängte Decken verbergen die Elektro- und Belüftungsanlagen sowie die Aufhängungsvorrichtungen. Während im dritten Stock der große Ausstellungsraum durch ein Glasdach natürliches Oberlicht erhält, sind der ersten und zweiten Ebene größtenteils Kunstlicht vorbehalten. Bei den Räumen des alten Gebäudeteils hingegen handelt es sich um Tageslichträume. Sein schönster Raum verdankt seine Atmosphäre neun schmalen, hohen Fenstern, die sich zum Park hin öffnen.

In den letzten 15 Jahren hat das Lyoner Musée d'art Contemporain mehr als 120 Ausstellungen durchgeführt. Eine große Zahl der Installationen entstand in den Räumen des Hauses selbst. Im unterirdischen

Depot schlummern rund 500 Installationen, darunter Werke vieler bekannter Objekt- und Aktionskünstler wie Giovanni Anselmo, George Brecht, Marcel Broodthaers, Christian Boltanski, Daniel Buren, Marcel Duchamp, Dan Flavin, Per Kirkeby, Gottfried Honegger, Thomas Schütte, Sol Lewitt und James Turrell. Alle zwei Jahre ist die Stadt Ort der gleichnamigen Biennale und trägt nicht zuletzt dadurch zum Ruf als eines der führenden Zentren für Gegenwartskunst bei.

Musée d'art contemporain de Lyon
81, Cité Internationale –
Quai Charles de Gaulle
F-69001 Lyon
Telefon
+ 33 (0) 4 72 69 17 17
Internet
www.moca.fr

Öffnungszeiten:
mi-so 12 - 19 Uhr

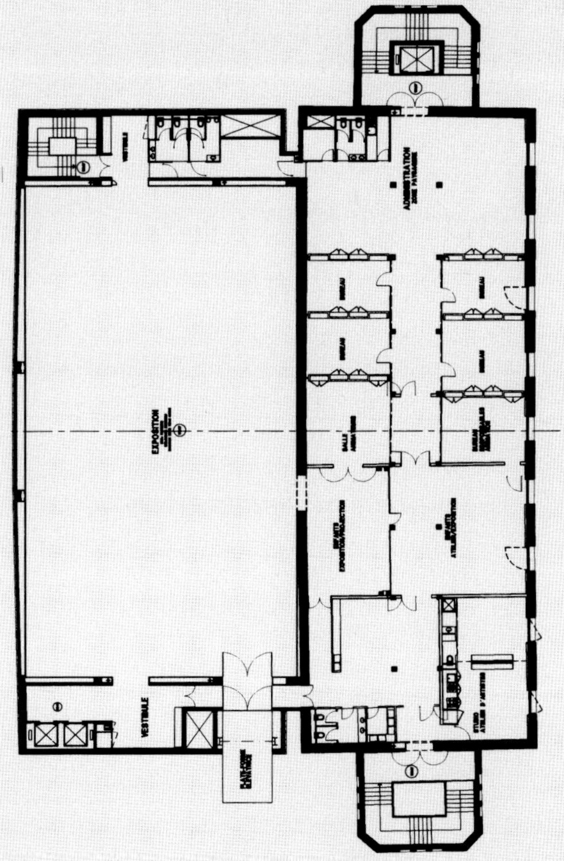

ALDO ROSSI

Bonnefantenmuseum. Rückseitige Flussseite mit zentralem Ausstellungsturm

Aussichtskuppel an der Maas

BONNEFANTENMUSEUM, MAASTRICHT

Die silbrig schimmernde Kuppel des Museums strahlt wie ein futuristischer Leuchtturm in der flachen Flusslandschaft. Zur Maas hin öffnet sich die E-förmige Anlage mit ihren drei Flügeln. Der mittlere ist ein von einer Zinkhaube gekrönten Kuppelbau, das markante Wahrzeichen des Museums. Das Bonnefanten-Museum von Aldo Rossi, benannt nach dem ehemaligen Kloster der guten Kinder in der Altstadt von Maastricht, liegt direkt am östlichen Ufer der Maas, in einem Neubaugebiet namens »Ceramique«. Von der gegenüberliegenden Seite des Flusses bzw. der Altstadt von Maastricht bietet sich die eindrucksvollste Perspektive des Gebäudes, das 1995 eröffnet wurde und damals noch als einziger Bau das

Flussufer markierte. Seitdem sind hier größere Teile einer neuen Besiedlung mit Wohn- und Bürogebäuden, Hotels und Kultureinrichtungen, darunter eine große Bibliothek, entstanden, deren Gesamtplanung seinerzeit an 22 Architekten vergeben worden war. Einige Kilometer südlich entstand das neue Messegelände. In diesem eher nüchternen Ambiente gab Rossis Museum - neben einem Wohnblock des portugiesischen Architekten Alvaro Siza - gewissermaßen die Richtung vor. Der Mailänder Aldo Rossi (1931-1997), der 1979 zum Direktor der Biennale in Venedig ernannt wurde, in den neunziger Jahren mehrere Architekturpreise erhielt und neben Bauten in Deutschland (Deutsches Historisches Museum, Berlin) und Italien (Teatro Carlofelice, Genua) auch durch theoretische Schriften zum Städtebau Bekanntheit erlangte, entwarf einen auf den ersten Blick ganz sachlich wirkenden Backsteinbau, der sich weitgehend dem Charakter des ehemaligen Industriegeländes anpasst, das früher von Fayence- und Porzellanfabriken beherrscht war. Erst bei genauer Betrachtung gibt sich eine raffinierte, mit Zitaten spielende, theatralische Architektur zu erkennen.

Den Eingangsflügel auf der dem Fluss abgewandten Seite bildet ein als Mittelrisalit aus der Fassade herausgehobener, etwa 30 m hoher Doppelturm, dessen Tuffsteinfassade durch ein großes Maßwerkfenster in der Mitte geteilt wird. In seiner Feierlichkeit zitiert der Turm Industriebauten des 19. und frühen 20. Jahrhunderts und antwortet gewissermaßen auf die gegenüberliegende, 1915 errichtete Industriehalle, die als erste Stahlbetonkonstruktion der Niederlande heute unter Denkmalschutz steht. Zunächst als Ausstellungshalle genutzt, beherbergt sie heute den archäologischen Teil der Maastrichter Sammlungen. Die übrige Fassade des Museums wird von dem Rot der Backsteinziegel und den rechteckigen, großen Fenstern in den beiden Innenhöfen dominiert. Zwischen ihnen verlaufen senkrecht Betonpfeiler und dunkelgrüne Strebesäulen, die den Industriecharakter der Fassaden betonen und allenfalls in ihrer Farbigkeit einen für diesen Bautypus ungewöhnlichen Zug verraten.

Bonnefantenmuseum.
Zentraler Treppenaufgang

Klar gegliedert zeigt sich das Bonnefanten-Museum auch im Inneren. Im Erdgeschoss sind in den drei Flügeln jeweils Restaurant, Museumsshop und die Verwaltung untergebracht. Der erste Stock ist der alten Kunst, der zweite der zeitgenössischen Kunst vorbehalten. An hervorgehobenen Punkten wird die vordergründige Ordnung durch ein futuristisches, architektonischen Spiel mit technischen Motiven unterbrochen. In der Mitte des Foyers erhebt sich ein Rundbau, der wie ein teleskopartiger Lichtturm sämtliche Ebenen durchschneidet. Von einer gläsernen Laterne in seiner Spitze strömt Licht bis in seinen Fuß. Die Form eines sich nach oben verjüngenden Zylinders gehörte bereits zum Motivrepertoire des Mailänder Architekten. Hinter diesem futuristischen Einsprengsel befindet sich – als traditionelles Element des Museumsbaus – eine monumentale Treppenanlage. Sie strukturiert das Innere des Museums und durchzieht unter einem Glasdach als Achse zwischen bis zu 14 m hohen Backsteinwänden von Ost nach West fast den gesamten Baukörper. Verkleidet ist sie mit hellem Hartholz aus Malaysia, eine Anspielung auf die koloniale Vergangenheit der Niederlande. Auf der zweiten Ebene endet die Treppe vor der Glastür eines Korridors, der zum Zentrum des Baus führt: einem auf achteckigem Grundriss errichteten hohen Kuppelsaal, der nur durch Reihen kleiner Fensterluken durchbrochen ist. Meist werden hier speziell für diesen Raum entwickelte Installationen gezeigt. Vergleichbar einer Sternwarte stellt der Raum das Pendant zum Teleskopzylinder des Foyers dar.

Die symbolische Elaboriertheit der Architektur, vor allem in den öffentlichen Bereichen des Museums, tritt in den anderen Ausstellungsbereichen merklich zurück. Das Gros der Ausstellungsräume beschränkt sich auf die beiden Seitenflügel, zu denen man entlang der seitlich der Treppenanlage führenden Gänge des Mitteltraktes gelangt. Die Ausstellungsräume sind – in ihrer Farbigkeit gewagt – grün, rot und lila gestrichen, Farbtöne, die zu dem leider weithin verwendeten grauen Linoleumboden heftig kontrastieren. Das durch die quadratischen Hoffenster seitlich einfallende Tageslicht erscheint im Hinblick auf die Betrachtung der Tafelbilder ein wenig unruhig.

Bonnefantenmuseum. Oberer Zwischenbereich

Bonnefantenmuseum.
Rückseitige Flussseite mit zentralem Ausstellungsturm

Die Sammlungen des Museums umfassen eine archäologischen und eine der mittelalterlichen Stadtgeschichte gewidmete Teil Abteilung, darunter eindrucksvolle Holzarbeiten niederländischer Meister aus der Sammlung Neutelings (9.–15. Jahrhundert), ferner deutsche Malererei und Skulptur aus dem 15. und 16. Jahrhundert, sowie italienische Malerei von 1300 bis 1600. Höhepunkt sind einige niederländische Gemälde, unter anderem von Pieter Brueghel d. J. Die weiß gehaltenen und von regulierbaren Oberlichtern erhellten Räume des zweiten Stocks enthalten die erst in den letzten Jahren begonnen Sammlung zeitgenössischer Kunst mit Werken der Minimal Art und der Arte Povera, darunter Werke von Sol LeWitt, Richard Serra und Luciano Fabro. Neuere Arbeiten u. a. von Thomas Hirschhorn, Suchan Kinoshita, Toon Verhoef, Gary Hume und Imi Knoebel unterstreichen die an aktuellen Tendenzen orienrierte Sammlungstätigkeit des Hauses. Eine Besonderheit bietet die Kunstbibliothek des Bonnefanten-Museums, die für geringes Entgeld die befristete Ausleihe von modernen Werken der Sammlung organisiert.

Bonnefantenmuseum
Avenue Céramique 250, 1735
NL, 6201 BS Maastricht
Telefon
+ 31 43 3 29 01 90
internet
www.bonnefanten.nl

Öffnungszeiten:
di-so 11–17 Uhr und Feiertage,
die auf einen Montag fallen

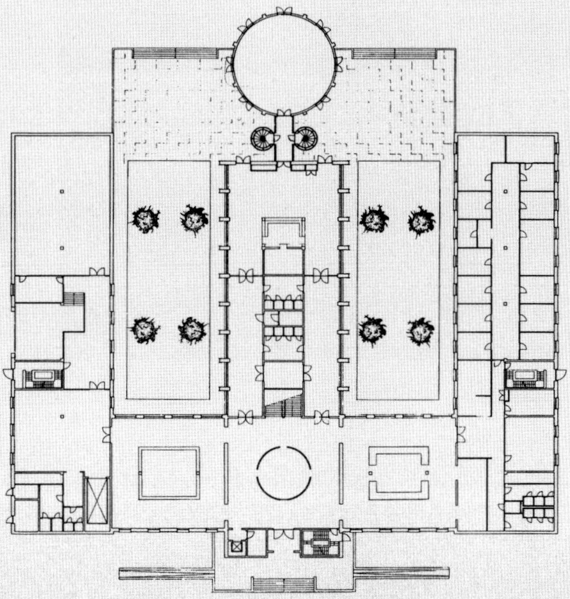

STEPHAN BRAUNFELS

Säulenkunst
Pinakothek der Moderne
Eingangsbereich

Die dritte Pinakothek

PINAKOTHEK DER MODERNE, MÜNCHEN

Für September 2002 ist die Eröffnung der dritten der Münchner Pinakotheken vorgesehen. Mit ihr gewinnt München nun auch ein großes Haus für Moderne und Gegenwartkunst. Zusammen mit ihren beiden traditionsreichen Nachbarn, der Alten und der Neuen Pinakothek, wird sie einen ausgedehnten Kunstbezirk bilden, der an Umfang und Rang seinesgleichen sucht.

Das neue Museum von Stephan Braunfels besteht aus einem einzigen, 143 x 68 m großen rechteckigen Baukörper, der Sachlichkeit mit Eleganz verbindet. Mit einer Höhe von 18 m (Traufhöhe 16,5 m), orientert er sich an der Höhe der Nachbargebäude. Das Areal der neusten Münchner Pinakothek liegt auf der im Krieg zerstörten Türkenkaserne nordwestlich der Innenstadt und weist einerseits in Richtung des vom Altstadtring umgrenzten Stadtzentrums, andererseits öffnet es sich zu den Museumsnachbarn. Auf diese städtebauliche Einbindung wird das Museum in seiner inneren Struktur Bezug nehmen, indem die zwei Eingänge des langgestreckten Rechtecks an den gegenüberliegenden Endpunkten der Diagonale angeordnet sind, die auf der einen Seite zum Stadtkern, auf der anderen zu den benachbarten Pinakotheken weisen. Vom Zentrum kommend bildet der südöstliche Eingangsbereich mit Wintergarten und einem Restaurant das Entree in den Museumsbezirk. Die Diagonale durch den Bau führt in eine zentrale Rotunde auf halber Strecke, von der aus die verschiedenen Ausstellungsbereiche erschlossen werden. Einschließlich Untergeschoss sind es vier Ebenen, die jedoch nicht nur einfach übereinandergeschichtet sind. Eingebunden ist die Rotunde vielmehr in eine monumentale Treppenanlage, die sich nach unten und nach oben trichterförmig erweitert. Diese »Innenraumskulptur« verbindet auf einer Länge von rund 100 m und bei einem Höhenunterschied von 12 m sämtliche Bereiche des Hauses miteinander und führt den Besucher vom Untergeschoss somit diagonal durch das gesamte Gebäude.

Von den Galerien, die auf den oberen Etagen um die Rotunde laufen, sieht man in das zentrale Foyer hinab, das sein Licht von einer Lichtkuppel erhält, die die offene Rotundenhalle mit einem Durchmesser von 18 m überwölbt. Stephan Braunfels, der den Wettbewerb 1992 für sich entscheiden konnte, vergleicht diese Lösung mit der des New Yorker Guggen-

Pinakothek der Moderne. Inneres.

heim Museums. Andere Elemente des Baus erinnern an nicht minder berühmte Vorbilder: Die Treppenkonzeption läßt an die monumentale Treppenanlage der Alten Pinakothek denken, während die diagonale Struktur und das von schlanken Säulen getragenen Vordach, das den Freiraum im Eingangsbereich überdeckt, offensichtlich Anleihen beim Bonner Kunstmuseum von Axel Schultes macht.

Pinakothek der Moderne. Treppenaufgang.

Die Pinakothek der Moderne wird auf einer Gesamtausstellungsfläche von mehr als 8.000 qm vormals zu einem großen Teil in Depots schlummernde Bestände von vier verschiedenen Museen vereinen: Im Untergeschoss einen Teil der Neuen Sammlung mit rund 40.000 Objekten aus den Bereichen Industrial Design, Graphic Design und Kunsthandwerk, im Erdgeschoss das Architekturmuseum mit Zeichnungen, Stichen und Modellen bedeutender Architekten. Dort wird auch die Graphische Sammlung zu besichtigen sein, die mit über 400.000 Blatt vom 15. Jahrhundert bis zur Gegenwart alle Epochen der Graphik vorstellt und (mit denen in Dresden und Berlin) zu den bedeutendsten der Welt gehört. In den größeren Räumen des Obergeschosses, in Sälen mit natürlichem Oberlicht, wird die vormals im Haus der Kunst beheimatete Staatsgalerie Moderner Kunst Platz finden, die die Malerei und Plastik des 20. Jahrhunderts bis zur Gegenwart präsentiert, in einfachen, weißen Räumen mit schlichtem, grauen Terrazzoboden. Zu den Höhepunkten dieser Sammlung, die erst nach dem Krieg durch Schenkungen vor allem während der fünfziger und sechziger Jahre entstand, gehören der Deutsche Expressionismus, voran die Maler der Brücke und des Blauen Reiters, Max Beckmann, die Surrealisten, Henry Matisse und andere. Die Räume werden weiß sein. Soviel ist bislang gewiss. Noch nicht abschließend entschieden wurde über den beabsichtigten, zweiten Bauabschnitt, der sich ursprünglich als Riegel auf zwei Seiten um das Rechteck des Hauptbaus legen sollte. Geplant war, diesen Teil drei Jahre nach Eröffnung des Hauptgebäudes fertigzustellen, um die Sammlung von Gegenwartskunst des Kölner Sammlers Brandhorst aufzunehmen.

Pinakothek der Moderne
Kunst. Architektur. Design
Barer Straße 40
D-80799 München
Telefon
+49 (0) 89/2 38 05-159
Internet
www.pinakothek-der-moderne.de

Öffnungszeiten:
Stehen noch nicht fest: Eröffnung September 2002

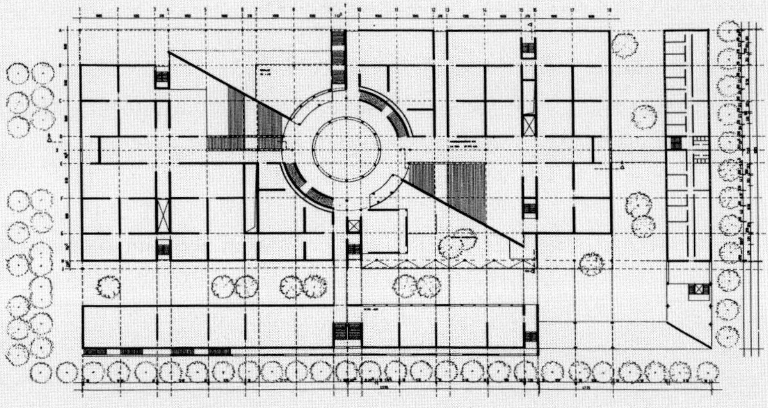

INTERVIEW MIT STEPHAN BRAUNFELS

Worin besteht die architektonische Besonderheit beim Bau eines Kunstmuseums?

Ein Museum muss beides sein: Als führende öffentliche Bauaufgabe darf von einem Museum erwartet werden, dass es ein Werk der Baukunst ist. Dies heißt zugleich, dass seine vornehmste Aufgabe darin besteht, der auszustellenden Kunst zu dienen. Es ist also umso mehr ein Baukunstwerk, je vollkommener die Kunst zur Geltung kommt. Dazu gehört aber nicht nur, Ausstellungsräume zu schaffen, die mit perfekter Lichtführung, guten Raumproportionen und richtiger Wegeführung eine optimale Präsentation der Kunstwerke ermöglichen, sondern auch eine Gesamtatmosphäre zu schaffen, die – mit einer interessanten Gestaltung der Foyers, Treppen, Ruhezonen etc. – die Aufnahmebereitschaft der Besucher anregen. Dabei darf der architektonische Ausdruck jedoch nie Selbstzweck werden und sich nicht zwischen Besucher und Kunstwerke drängen. Die Kunstwerke, nicht das Bauwerk, sind der Mittelpunkt eines Kunstmuseums.

Spielt es für Sie eine Rolle, welche Kunst in einem Museum präsentiert wird?

Es ist ein großer Unterschied, ob man ein Kunstmuseum für Gegenwartskunst, alte Kunst, Skulpturen oder andere Ausstellungsobjekte entwirft. Die farbige Gestaltung der Ausstellungswände und die Lichtführung sind grundsätzlich verschieden. In der Pinakothek der Moderne in München, einem Museum für alle Gattungen der Kunst des 20. Jahrhunderts, wurde zwar für alle Wände die gleiche Farbe gewählt – Weiß –, aber Raumproportionen und Lichtführung sind in den sehr unterschiedlichen Sammlungsteilen verschieden.

Bei einer Galerie für zeitgenössische Kunst sollten die Räume so pur und abstrakt wie möglich sein, um die unterschiedlichsten Arten moderner Kunst darstellen zu können. Tagesoberlicht ist das mit Abstand beste Licht für jede Form von Gemälden, vor allem für zeitgenössische Gemälde der Farbfeldmalerei, Monochromie etc. Für Videoinstallationen und andere Formen der Medienkunst müssen die Ausstellungsräume verdunkelbar sein. Skulpturen stellen sich am besten bei Seitenlicht dar. Alte Kunst wird heute aus konservatorischen Gründen meistens in abgedunkelten Räumen bei Kunstlicht ausgestellt, aber auch die Gemälde der Altmeister kommen bei gutem Tageslicht am besten zur Geltung.

Wie würden Sie Ihren Architekturstil charakterisieren?

Meine Architektur ist minimalistisch. Ich versuche, alle rein dekorativen Elemente auszuschließen. Da ich skulptural denke und in Sichtbeton baue, muss der Ausdruck und der durchaus angestrebte Formenreichtum meiner Bauten rein aus der Aufgabenstellung und der Funktion der einzelnen Bauglieder erwachsen.

HERZOG & DE MEURON

Kunst und Natur.
Sammlung Goetz

Schwebender Holzkubus

SAMMLUNG GOETZ, MÜNCHEN

Im Norden Münchens, im Stadtteil Oberföhring, liegt in einem durch einen hohen Zaun von der Straße abgeschirmten Garten das Museum der Sammlung Goetz. Es ist ein länglicher Kubus, dessen Hülle aus blassgrau-beige getönten Holzplatten und zwei breiten Bändern von opalinweißem, grünlich schimmerndem Milchglas einen schlichten wie zugleich pretiösen Eindruck vermitteln. Für Architekturkenner wie für Liebhaber von Gegenwartskunst ist die gepflegte Privatenklave schon seit einigen Jahren ein bevorzugtes Studienobjekt, bietet es der Anschauung doch einen in seiner Art fast exemplarischen Gleichklang von architektonischem Rahmen und einer auf wenige Schwerpunkte konzentrierten Sammlung. Bau und unmittelbare Umgebung sind in ungewöhnlicher Weise deutlich aufeinander bezogen: Das Birkenholz der Fassadenpaneele nimmt auf die Birken des Gartens Bezug, deren Geäst sich im Glas des Baukörpers spiegelt. Der Zaun, der das Grundstück von der Straße abschirmt, ist auf eine Höhe gezogen worden, die das untere Fensterband exakt abdeckt, so dass für den Betrachter von der gegenüberliegenden Straßenseite eine Dreiteilung von Zaun, Holz- und oberem Glasband das Gesichtsfeld bestimmt. Einen Kontrast hingegen bildet die strenge Rechtwinkligkeit des Kubus zu der sanft gewellten Rasenfläche, die vom Gebäude selbst durch einen schmalen Streifen Kies getrennt bleibt. In Steigerung zu diesen natürlichen Elementen verleihen die als Sockel- und Kronenband angeordneten beiden Glasbänder dem Bau eine ungewöhnliche Leichtigkeit. Über dem Glasbehälter scheint der Holzkubus zu schweben. Ermöglicht wird diese effektvolle Konstruktion durch zwei Betonröhren, die auf Höhe der Erdoberfläche als Rahmen in den gläsernen Bau eingefügt wurden und ihrerseits auf einem in den Erdboden versenkten Betonkubus aufsitzen. Das Fehlen eines auf den ersten Blick erkennbaren Eingangs trägt seinerseits zu einem geheimnisvollen Zug dieses Edelcontainers bei. Einen Einblick in sein Innenleben gewährt das Gebäude allein durch ein einzelnes, ebenerdiges Fenster und, auf der rückwärtigen Gartenseite, durch eine Glasschiebetür. Durch sie betritt man ein kleines Entree mit Bücherregalen und Büromöbeln.

Als Museum ist der Kubus mit einer Grundfläche von 24 x 8 m verhältnismäßig klein gehalten, um die Parkfläche nicht zu sehr zu schmälern. Da städtische Auflagen eine begrenzte Bauhöhe vorsahen, ließ sich die gewünschte Ausstellungsfläche nur durch den Ausbau des Untergeschosses gewinnen. Dennoch gelang es den Architekten, es in gleicher Weise wie das Obergeschoss mit Tageslicht zu versorgen, das durch die unteren, seitlichen Glasbänder gleichmäßig in die ungewöhnlich hohen, annähernd fünf Meter hohen Ausstellungsräume fällt. Zugänglich sind Ober- und Untergeschoss durch eine schmale Treppe, die seitlich des Eingangsraums an der Schmalseite des Gebäudes liegt, wobei das Holz der Treppe einen Bezug zum Park herstellt. Nach einiger Zeit des Aufenthalts in den drei Räumen des Obergeschosses oder im großen Ausstellungsraum des Untergeschosses verliert der Besucher, da keine Fenster einen Ausblick auf den Park erlauben und die Lichtverhältnisse identisch sind, die Sicherheit der räumlichen Orientierung. Alle Räume sind durch die gleiche konzentrierte, gewissermaßen weltabgewandte Atmosphäre

Sammlung Goetz. Seitlicher Treppenaufgang

Sammlung Goetz. Ausstellungsraum

bestimmt, die von einer geradezu klösterlichen Abgeschiedenheit ist. Getrennt voneinander sind die einfachen, nahezu quadratischen Räume durch verputzte Mauerwände; der helle Parkettboden bleibt zurückhaltend, technische Anlagen, wie die elektrischen Leitungen oder Regenwasserrinnen, sind in den Wänden verborgen.

Bei dem Bau des Museums der Sammlung Goetz sind in besonderer Weise Ansprüche der Kunst berücksichtigt worden. Auf Vermittlung des mit der Sammlerin befreundeten Malers Helmut Federle erhielten die beiden Basler Architekten Jaques Herzog und Pierre de Meuron den Auftrag, die in enger Abstimmung mit dem Künstler und der Bauherrin arbeiteten. »Das Haus soll nicht nur Museumscharakter haben, wir wollen auch ab und zu spartanisch darin leben«, hat Ingvild Goetz den Architekten als Idee vorgegeben. Dies betrifft in erster Linie die Bibliothek und das Büro im Erdgeschoss, das als Eingangsraum fungiert und den Besucher empfängt. Befragt auf Ihre Vorstellungen zur Architektur ihres Kunstrefugiums, antwortet die Sammlerin: »Die Architektur sollte zurückhaltend, neutral sein, sollte ihrerseits möglichst wenige Vorgaben machen.

Das Innere sollte vor allem keinen Lichtschalter, keine Heizung und andere Details sichtbar werden lassen, die von der Kunst ablenken könnten. Auch auf Fenster haben wir bewusst verzichtet. Das Gebäude sollte eine besondere Ruhe ausstrahlen. Dies ist übrigens auch der Grund dafür, dass wir immer nur auf Voranmeldung Besucher zulassen, denen wir Gelegenheit geben möchten, dieses Haus und die Kunst in ihrem Zusammenhang möglichst intensiv zu erfahren. Wir möchten, dass unsere Besucher auch ein Gefühl für das Gebäude bekommen.«

Die Sammlung Goetz konzentriert sich auf die Kunst der Gegenwart. Da die ehemalige, zunächst in Zürich, später in München ansässige Galeristin bereits seit den späten sechziger Jahren sammelt, ist daraus auch ein zum Teil historischer Bestand geworden. Wesentliche Schwerpunkte sind Werke der Arte Povera, die in ihrer Materialbetonung auch eine gewisse Affinität zum Charakter der Räume haben. »Mit der Arte Povera hat meine Sammeltätigkeit begonnen noch zu der Zeit, als ich in München eine Galerie unterhielt und die Arbeiten dieser Künstler sehr erschwinglich waren.« Seit den siebziger Jahren sind es vor allem junge englische Künstler (Douglas Gordon, Mona Hatoum, Sarah Lucas, Sam Taylor-Wood), amerikanische (Richard Prince, Mike Kelley, Matthew Barney, Cindy Sherman, Cady Noland) und einige deutsche (Manfred Pemice, Franz Ackermann, Thomas Schütte, Karin Sander, Rosemarie Trockel), denen Ingvild Goetz in den Kunstmetropolen dieser Welt auf der Spur ist. Insgesamt umfasst die Sammlung, einschließlich Papierarbeiten und Fotografien, rund 1.200 Werke. »Eines meiner Auswahlkriterien sind gesellschaftskritische, politische oder jedenfalls stark gedankliche Positionen. Außerdem sammle ich nie rückwärts gerichtet, das heißt in den achtziger Jahren Werke der achtziger Jahre, in den neunziger Jahren Werke der neunziger Jahre. Dies bedeutet, dass es in Zukunft wohl noch mehr in Richtung Film und Video gehen wird.«

Die Ausstellungen wechseln in der Regel halbjährlich. Häufig sind Objekte mit explizitem Raumbezug ausgestellt. Gleichsam als Motto stellt auf den Milchglasbändern des Untergeschosses die Schriftinstallation des Amerikaners Felix Gonzales-Torres *Portray of Ingvild Goetz* die Verbindung von Architektur und Kunst her. Der Text mit Stichworten wie *J.F.K. 1963, Vietnam 1968, Zurich 1971, Berlin Wall '89* verknüpft Politisches mit Persönlichem und gehört als Dauerinstallation der Sammlung Goetz zur Signatur des Hauses.

Jacques Herzog und Pierre de Meuron, beide 1950 in Basel geboren, gehören zu den profiliertesten und erfolgreichsten Architekten der jüngeren Generation. Gerade auf dem Feld der Museumsarchitektur haben sie sich durch eine sinnliche, auf den jeweiligen Ort und die Situation zugeschnittene Architektur von eindrucksvoller Präsenz einen Namen gemacht. Zu ihren Hauptwerken gehören neben der Sammlung Goetz und der neuen Tate in London auch das de Young Museum im Golden Gate Park, San Fancisco. 1994 erhielten sie den Deutschen Kritikerpreis.

Privatsammlung Goetz
Oberföringer Straße 103
D-81925 München
Telefon
+49 (0) 89/95 93 96 90
Internet
www.sammlung-goetz.de

Öffnungszeiten:
Besuch nur nach Voranmeldung

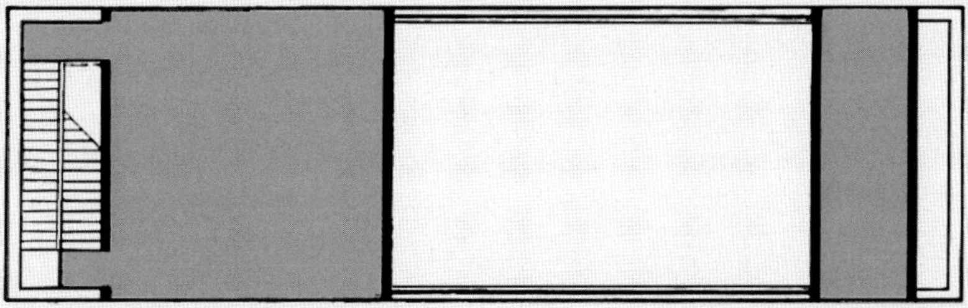

Neues Museum –
Staatliches Museum für Kunst und Design
Luitpoldstraße 5
D-90402 Nürnberg
Telefon
+ 49 (0) 9 11/24 02 00
Internet
www.nmn.de

Öffnungszeiten:
di-fr 10 - 20 Uhr
sa / so 10 - 18 Uhr

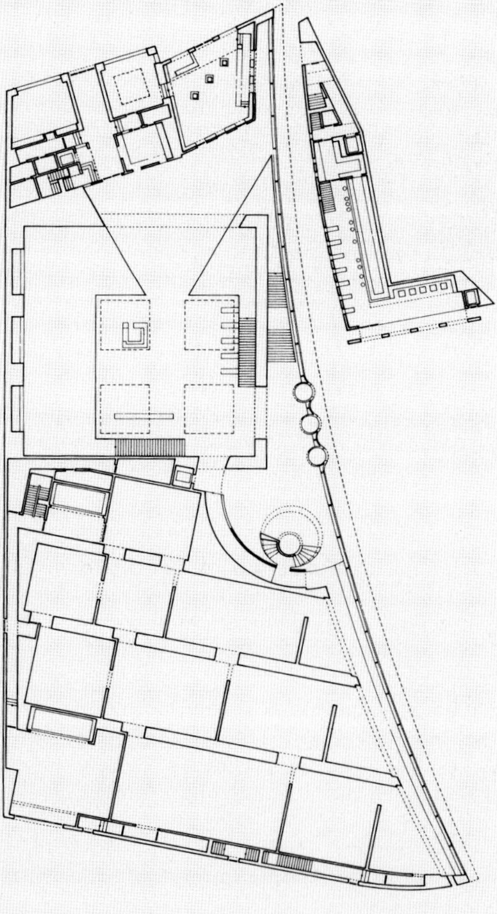

Neues Museum.
Gläserne Eingangsfassade
mit „Ergänzungshaus“

VOLKER STAAB

Moderne in der Dürerstadt

NEUES MUSEUM, NÜRNBERG

Mit dem im Frühjahr 2000 eröffneten Neuen Museum erhält die moderne Kunst in Nürnberg erstmals ein repräsentatives Domizil. Bisher brachte man die Frankenmetropole eher mit Dürer und Riemenschneider als mit Stephan Balkenhol in Verbindung. Nun gewinnt die Stadt sogar ein Doppelmuseum, das mit den vorhandenen Beständen der städtischen Kunstsammlung und einem Geschenk der Neuen Sammlung aus dem

Staatlichen Museum für angewandte Kunst in München gleich mit zwei Aspekten der Moderne das Publikum lockt. Moderne Kunst einerseits, Design von den fünfziger Jahren bis zur Gegenwart andererseits, teilen sich die neuen Ausstellungsflächen und nehmen je ein Stockwerk eines Gebäudes ein, das sich in die Nürnberger Altstadt zwar behutsam einfügt, seinen Anspruch auf Modernität gleichwohl klar herausstellt.

Der junge Berliner Architekt Volker Staab, der 1991 unter 150 Mitbewerbern den Wettbewerb gewonnen, hat als Newcomer mit diesem Bau große Beachtung gefunden. Anklänge des Dekonstruktivismus finden sich, der Minimalismus der neuen Einfachheit, schließlich Zitate des Bonner Kunstmuseums von Axel Schultes, bei dem Staab Assistent war. Inzwischen ist mit dem Museum Schäfer in Schweinfurt ein zweites von Staab erbautes Museum eröffnet worden, das wiederum für Aufmerksamkeit sorgte. Beim neuen Nürnberger Museum überzeugt vor allem die scheinbar zwanglose Einfügung in die innerstädtische Struktur. Durch den geschickten Zuschnitt und die Platzierung des Gebäudes hat Nürnberg ein neues urbanes Zentrum erhalten.

Das an die historische Stadtmauer angrenzende Areal war überwiegend Brache, die Staab gut zur Hälfte mit dem lang gestreckten Gebäude besetzte. Währenddessen beide Schmalseiten einerseits an die historische Stadtmauer, andererseits direkt an die rückwärtige Front einer Reihe erhaltener Bürgerhäuser grenzt, öffnet sich seine 100 m lange, gläserne Längsseite zu einem neu geschaffenen Vorplatz. Die Schmalseite des Platzes akzentuiert ein winkelförmiger Ergänzungsbau mit streng gegliederter Sandsteinfassade. Seine Rückseite, gegenüber dem Museum, bildet eine geschlossene Front hoher Gründerzeitgebäude, während die elegant einwärts geschwungene Glasfassade des Museums als optischer Fluchtpunkt wirkt. Mit der historischen Stadtmauer als vierter Seite entstand die Kulisse eines Stadtplatzes abseits der Verkaufsstraßen, der in seltener Harmonie zwischen Traditionalität und Modernität vermittelt. So wurde aus einem Hinterhof ein ansehnlicher, der Kunst gewidmeter öffentlicher Raum, der mit Glas und Sandstein die Verbindung von Nürnberger Fassadentradition und Moderne erreicht und durch die gläserne Fassade des Museums die ausgestellten Kunst- und Designobjekte gleichsam zu Bestandteilen des Platzes macht.

Neues Museum. Atrium, Treppenaufgang

Neues Museum
Ausstellungsraum
(Design)

Der Zugang zum Museum erfolgt von der belebten Luitpoldstraße durch eine enge, zwischen Glasfront und Winkelbau führende Gasse, bevor sich auf dem Platz selbst etwa in der Mitte der Glasfassade die Eingangsdrehtüren zum Museum auftun. Sie führen in einen hohen, lichten Vorraum, in dem eine weiße Wendeltreppe als deutlichstes Element einer skulpturalen Architektur zunächst die Aufmerksamkeit auf sich zieht. Geradeaus führt ein Durchgang durch eine türkis gestrichene Wand in einen niedrigen, durch künstliches Deckenlicht nur schwach erhellten, quadratischen Saal. Mit Wänden und Boden aus Sichtbeton bzw. grauem, italienischem Sandstein antwortet er auf die Transparenz des Vorraums mit der Wucht hermetischer Materialität. Wir befinden uns in der mittleren Ebene eines in die Mitte des Museums hineingesetzten Betonkubus, der im Erdgeschoss als Garderoben- und Empfangsraum fungiert, im Untergeschoss einen mit Eichenfurnier vertäfelten Vortrags- und Veranstaltungssaal enthält und dessen Obergeschoss ein stützenfreier 700 qm großer, durch Sheds erhellter Saal für Wechselausstellungen einnimmt. Im rückwärtigen Teil des Erdgeschosses bricht der Boden abrupt ab, der Saal öffnet sich zum Untergeschoss, während entlang der hohen, schrägen Rückwand durch einen geöffneten Schlitz ein einfallen-

der Strahl von Tageslicht einen weiteren dramatischen Effekt beisteuert. In diesem Saal vor allem feiert sich die aktuelle minimalistische Vorliebe für Sichtbeton, nur gemildert durch das warme Holz der Sitz- und Garderobenmöbel. Seitlich erweitert sich der Saal zu einem Lichthof, der seinerseits an den Verwaltungstrakt grenzt und mit einem gepflanzten Baum und einer Litfaßsäule die Atmosphäre eines öffentlichen Straßenraums herzustellen sucht. Die Rückseite des Altbautrakts mit den Verwaltungsräumen wurde ferner mit einer neuen Sandsteinfassade versehen, ein weiterer Bezugspunkt zur Architektur der Umgebung.

Gegenüber diesen an Facetten gegenwärtiger Architekturstilistik reichen Bereichen geben sich die Ausstellungsräume der permanenten Sammlung – der dritte Gebäudeteil – insgesamt zurückhaltender. Plausibel erscheint die Lösung, die jeweils der Glasfassade zugewandten Vorräume mit großformatigen und voluminösen Einzelwerken zu bestücken und als Museumsschaufenster nach außen wirken zu lassen. Dahinter gruppieren sich im Erdgeschoss neun, im Obergeschoss zehn unterschiedlich große Ausstellungsräume, die dem Prinzip des *white cube*, neutralen, in Weiß gehaltenen nüchternen Ausstellungsräumen, entsprechen.

Auf Fußleisten wurde verzichtet, Steckdosen wurden unsichtbar verlegt, die grün leuchtenden Notausgangssignale in die Laibungen der wandhohen Durchgänge so unmerklich wie möglich eingelassen. Die netzartige Anordnung der Räume verzichtet auf den Zwang eines chronologischen Durchgangs und erlaubt Querverbindungen, die durch die diagonalen Sichtachsen zwischen den Räumen betont werden. Die Designabteilung und die Räume für die Kunst der Gegenwart unterscheiden sich in erster Linie durch die Beleuchtung. Sie beschränkt sich im Erdgeschoss auf Kunstlichtstrahler, die die auf Podesten und in schrägen Regalen ausgestellten Objekte hervorheben. Die Kunstwerke im Obergeschoss dagegen erhalten durch die schräg gestellten Sheds Tageslicht, das durch zusätzliche Leuchtstoffröhren ergänzt werden kann.

Die Räume mit moderner Kunst im Obergeschoss bieten entsprechend ihrer Anordnung keinen chronologischen Gang durch die letzten Jahrzehnte. Die jeweiligen Stilrichtungen, Themen oder Künstlergruppen der internationalen Moderne werden in einzelnen Räumen präsentiert: Zero, Fluxus, Op Art. Aber auch einzelnen Künstlern gilt die Aufmerksamkeit, so etwa Gotthard Graubner, Bridget Riley, Stephan Balkenhol, Horst Antes. Das berühmteste Werk des Hauses ist das Gemälde *Telephone* (1966) des Deutsch-Amerikaners Richard Lindner. Da nur jeweils etwa 10 Prozent der Bestände gezeigt werden, wechseln die präsentierten Werke häufig.

Die Bereiche im Neuen Museum, in denen die Architektur im Vordergrund steht, und jene, die der Kunst als Hintergrund dienen, sind vor allem farblich klar unterschieden: Sichtbeton für die Architektur, weiß gestrichene Wände für die Ausstellungsbereiche. Eine Annäherung von Kunst und Architektur erfolgt in manchen Partien gleichwohl. Geleistet wird sie von dem Schweizer Künstler Rémy Zaugg, der nicht nur mit Tafelbildern im Museum vertreten ist, sondern auch durch mehrere Kunst-am-Bau-Elemente. Seine Eingriffe in die Architektur bestehen in mehreren Schriftzügen, die in die Außenwand des inneren Kubus und die Fassade des Winkelbaus gemeißelt sind. Sätze wie »Aber ich / Die Welt / Ich sehe / Dich« thematisieren die Beziehung von Kunstwerk und Betrachter. Die Namenszüge Nürnberger Geistesgrößen – »Hans Sachs, Anselm Feuerbach, Veit Stoss, Georg Friedrich Wilhelm Hegel, Albrecht Dürer« – stellen erneut einen Bezug zur Nürnberger Geschichte her.

DANIEL LIBESKIND

Museum ohne Ausgang

Zersplitterungsarchitektur. Felix Nussbaum-Haus

FELIX NUSSBAUM-HAUS, OSNABRÜCK

Das 1998 eröffnete Felix Nussbaum-Haus ist der erste Bau des in Berlin lebenden amerikanischen Architekten Daniel Libeskind, der in Deutschland fertig gestellt wurde. Gewidmet ist er dem 1904 in Osnabrück geborenen, 1944 im Konzentrationslager ermordeten jüdischen Maler Felix Nussbaum. Bei seiner Eröffnung fand das Museum große, auch internationale Resonanz. Inzwischen hat Libeskind mit dem Jüdischen Museum in Berlin sein zweites, in vieler Hinsicht vergleichbares, großes Museumsprojekt abgeschlossen. Beide Bauten sind ungewöhnlich prägnante Beispiele einer dekonstruktivistischen Architektur, die ihren Stil als symbolische Sprache für den Inhalt einsetzt. Wie das Berliner Museum, ruft auch das Felix Nussbaum-Haus zunächst Befremden, Unsicherheit, ja Beklemmung hervor. Seitlich an das kulturgeschichtliche Museum der Stadt anschließend, erstreckt es sich hinter dessen klassizistischem Hauptbau in der Form dreier länglicher Baukörper, die gemeinsam ein spitzwinkliges Dreieck bilden. Für diese drei Baukörper wurden unterschiedliche Materialien verwendet: Beton für den langen, schmalen, schnurgeraden Nussbaum-Gang, der sich jedem Einblick verschließt; mit Zinkblech ist der zweite, über der Erde schwebende Trakt verkleidet, der den Nussbaum-Gang mit dem alten Museum verbindet; den dritten, breiteren Hauptflügel, dessen durch schmale Fensterritzen zerschnittene Fassaden förmlich aufgerissen wirken, umhüllen Eichenholzplanken. Die Überschneidungen der drei Baukörper lassen kaum die bauliche Gesamtstruktur erkennen, noch einen Schluss darauf zu, wie die Räume im Inneren angeordnet sind. Der Besucher ist mit einer verwirrenden und zugleich dynamisch wirkenden Zersplitterung konfrontiert, mit einer disparaten Komposition, scheinbar ohne Zentrum.

Der Zugang zum Museum erfolgt rückseitig über Metallstege, die auf die zwei Meter breite Schmalseite des Nussbaum-Gangs zulaufen. Ein separater Betonblock in Verlängerung des Gangs ragt wie ein isoliertes Naturdenkmal in die Höhe. Diese Aufsprengung des ursprünglich länger konzipierten Gangs wurde durch eine erst während der Bauarbeiten entdeckte alte Befestigungsmauer notwendig. Durch eine schwere Eisentür in der 13 m hohen Betonwand betritt man einen schmalen, engen Garderobenvorraum, von dem ein sich erweiternder Eingangsraum abzweigt. Das Innere treibt die Desorientierung auf die Spitze: spitzwinklige, sich verengende, dann wieder erweiternde Raumzuschnitte, keilförmig eingeschobene Wandformationen, massive Eisentüren, die mit der Hand zu öffnen schwer fällt, abschüssige Böden, schlitzartige Öffnungen an Wänden, Decken und Böden. Schlüsselbedeutung kommt der Wegführung zu, die mit Unterbrechungen, mit Sackgassen und Abzweigungen den Lebensweg des Künstlers sinnbildlich nachzeichnet. Nach und nach gibt sich der gesamte Bau als die beunruhigende Inszenierung der Vita des Künstlers zu erkennen. Über die Ästhetik dekonstruktivistischer Architektur ist viel gestritten worden; Libeskinds Museum macht deutlich, wo ihre Stärke liegt: er erzeugt durch diesen »zerrissenen« Stil bewusst eine ihrem biographischen Thema angemessene Gestalt, deren Atmosphäre der Beklemmung nur gelegentlich durch Ausblicke in die alltägliche Umgebung gemildert wird. Beim Nussbaum-Haus handelt es sich um eine Art von Museumsarchitektur, die auf ihren Inhalt, das künstlerische Werk und das Leben Nussbaums insofern tatsächlich einzugehen vermag. Ohne diese thematische Festlegung wäre die Architektur sicherlich ebenso aufsehenerregend, aber weitgehend sinnlos.

Nussbaum stammte aus dem behüteten Elternhaus einer bildungsbürgerlichen, der bildenden Kunst zugetanen Familie. Einflüsse von Vincent van Gogh, Henri Rousseau, Carl Hofer, später von Giorgio de Chirico und Carlo Carrà, sind in den frühen Bildern Nussbaums deutlich erkennbar. Er studierte zuerst in Hamburg, dann in Berlin und pflegte einen figurativen, zwischen Melancholie und skurriler Heiterkeit changierenden realistischen Stil – in der Mehrzahl sind es Familienporträts, Selbstbildnisse, Stadtansichten und Landschaften. Dieser realistische Stil erreichte in den frühen 1930er Jahren in Italien eine ruhige, sich der Abstraktion nähernde Flächigkeit. In Rom, als Stipendiat der Villa Massimo, wurde Nussbaum 1933 von der politischen Entwicklung in Deutschland eingeholt und führte fortan das Leben eines politischen Emigranten, der in einer rasch wechselnden Folge von Unterkünften in Belgien und Frankreich vor seinen Verfolgern Zuflucht suchte. In den Hinterhof- und Dachkammerverstecken entstehen die malerischen Dokumente einer zunehmenden Isolation und Verzweiflung. Bilder, die mit den Jahren an politischer Deutlichkeit zunehmen und in einer radikalen, expressiven Bildsprache ihre eindrückliche Umsetzung finden.

Furchen, Schlitze, Voids: Ausstellungsraum, Felix Nussbaum-Haus

Rund 160 Gemälde, Gouachen und Zeichnungen, verteilt auf neun Räume des Museums, spiegeln die jeweiligen Lebens- und künstlerischen Phasen wider. Ein Raum ist Werken von Nussbaums Frau vorbehalten, der polnischen Malerin Felka Platek. Die Räume sind jeweils betitelt und an den Eingangstüren mit Orts- und Zeitangaben versehen. Von dem Eröffnungssaal (Kindheit und Jugend), der sich ebenerdig zum Park öffnet, führt der Weg, wenn man nicht die Abkürzung über ein steiles Treppenhaus zu nächste Etage wählt, durch eine schwere Eisentür in den »Weg ins Exil«, einen dunklen, leicht ansteigenden, fast 50 m langen Gang. Eine Reihe graphischer Blätter tauchen hier, durch Strahler beleuchtet, aus der Dunkelheit auf. Am Ende des Gangs zweigen rechts und links Räume ab, von denen einer in das alte Hauptgebäude zurückführt. Dem Hauptweg folgend durchquert man mehrere kleinere Räume, bis ein Treppenaufgang zur nächsten Ebene führt. Hier, im größten Raum des Hauses, präsentiert sich die nun deutlich politisch akzentuierte Bildwelt Nussbaums. *Stillleben mit vergittertem Fenster, Selbstbildnis im Atelier,* das den Maler mit vor den Mund gehaltener Hand zeigt, und *Selbstbildnis mit Judenstern,* verbinden die persönliche Situation mit der allgemeinen politischen Lage. Es folgt wiederum der lange Gang *(Im Versteck)* mit einigen Stillleben, bevor man die Schlussräume erreicht. Der letzte Raum, »Einsamkeit angesichts des Todes«, ist ein Angriff auf das Gleichgewicht des Besuchers: Ein teils durchbrochener und mit Gitterrosten bedeckter Boden neigt sich, man »fällt« gleichsam einer Wand mit dem Schlussbild des Museums entgegen *(Triumph des Todes)*. Nussbaum malte es im April 1944 kurz vor seiner Verhaftung; es zeigt einen Tanz von Gerippen.

Eine Architektur, die wie die von Libeskind in Osnabrück noch in ihren Details Bedeutungsträger ist, vermeidet Beliebigkeit – in diesem Fall durch die narrativen Struktur der Biographie, der sie folgt. Die Abbrüche, Abzweigungen und Sackgassen, mit denen der Besucher auf seinem Weg durch das Haus konfrontiert wird, gehören dabei ebenso zum symbolischen Instrumentarium wie der fensterlose Gang als Ort der Hoffnungslosigkeit und die Fülle spitzwinkliger Formen. In manchen Räumen erscheint die dekonstruktivistische Aufbrechung fast zuviel. Schon die Dreiecksform des Baus dürfte symbolisch gemeint sein – und auch die Richtungsdimensionen sind bedeutsam: der Nussbaum-Gang weist auf die eingangs erwähnte Villa Schlikker, in der von 1933 bis 1945 die NSDAP residierte. Die beiden andere Baukörper weisen in die Richtung der Orte Auschwitz und Brüssel. Im Inneren erinnert der zweigeschossige Nussbaum-Gang an die Ateliersituation im Versteck. Zur omnipräsenten Symbolik gehört auch eine leise im Hintergrund wahrnehmbare Toninstallation, die mit Geräuschen fahrender bzw. haltender Züge die Wahrnehmungssituation von KZ-Häftlingen suggeriert. Symbolisch ist nicht zuletzt auch die Hängung, die die Bilder meist in engen Gruppen mit viel Leerraum präsentiert, bzw. andere Werke wieder ganz an den Rand einer Wand oder knapp unterhalb der Decke rückt. Angespielt wird damit auf die Lücken, auf die »nicht gemalten Bilder« des Künstlers. Libeskind hat diese »voids« im Berliner Jüdischen Museum ebenfalls eingesetzt. Erstaunlicherweise übertrumpft in Osnabrück die Architektur nicht die Bilder, sondern lenkt immer wieder die Aufmerksamkeit auf sie, die in ihrer Ausdruckskraft ein starkes Gegengewicht zur Architektur besitzen.

Felix Nussbaum-Haus
Lotter Straße 2
D-49078 Osnabrück
Telefon
+ 49 (0) 5 41/3 23 22 07
Internet
www.felix.nussbaum.de

Öffnungszeiten:
di-fr 11 - 18 Uhr
sa/so 10 - 18 Uhr

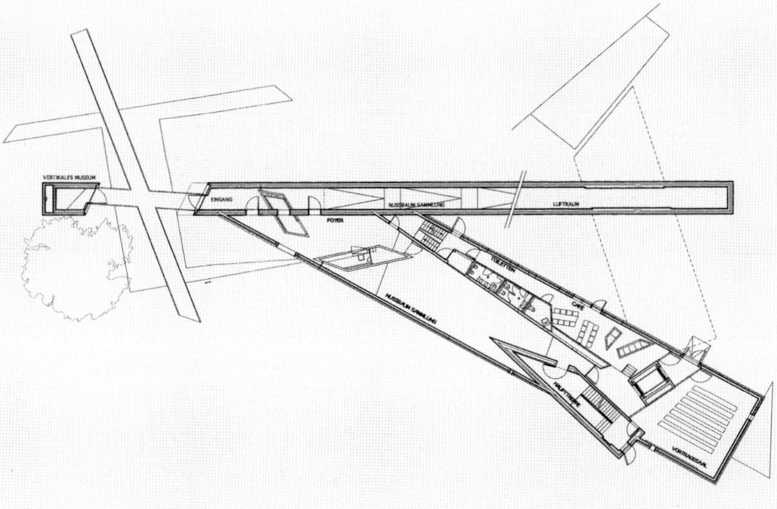

ALVARO SIZA

Museum im Park

MUSEU DE ARTE CONTEMPORANEA, FUNDAÇAO DE SERRALVES, PORTO

Eines der jüngsten Museen Europas ist zugleich eines der schönsten. Es steht in Porto, der nördlichen Metropole Portugals, die auf granitenem Fels erbaut, die Mündung des Douro überblickt. Doch das Museu de Arte Contemporana befindet sich nicht an einer reizvollen Küste mit Meerblick (wie andere Bauten Alvaro Sizas in Portugal, etwa das Schwimmbad in Leca de Palmeira nördlich von Porto oder das Restaurant Boa Nova, beide in den Fels der Meeresküste gebaut), sondern versteckt sich hinter unscheinbaren Gartenmauern in der gepflegten Parklandschaft einer ehemaligen Industriellenvilla. Als wolle er sich vor den Stürmen des Atlantik schützen, duckt sich der längliche, ganz in

Weiß gehaltene Museumskomplex in eine Bodensenke des Parks Serralves, einer weiträumigen grünen Insel in einem der besseren Viertel Portos. Hier findet der Besucher einen Ort der Stille, der im Zusammenspiel von architektonischer Strenge und sorgsam komponierter Natur eine Atmosphäre abgeschiedener Ruhe ausstrahlt. Das Museu de Arte Contemporanea ist das erste Haus des Landes für Gegenwartskunst. Bei seiner Eröffnung im Sommer 1999 fand die Architektur große Zustimmung; die zweitgrößte Stadt des Landes schien ihrer Konkurrentin Lissabon mit der neuen Einrichtung tatsächlich den Rang abzulaufen.

Das Museum nimmt den Randbereich eines 18 Hektar großen Parkgeländes ein, das zu Beginn des 20. Jahrhunderts teils im natürlichen, teils in einem geometrischen Stil angelegt wurde. Mit breiten Alleen, einem Rosarium, einem von dichter Bepflanzung umgebenen See, einem Teehaus, sogar einem landwirtschaftlichem Anwesen und altem Baumbestand bietet der Parco Serralves ein abwechslungsreiches, romantisches Bild. Er erstreckt sich auf einem zunächst sanft, dann steiler abfallenden Gelände. Der Mittelbereich besteht aus abgestuften Blumenterrassen, die durch Hecken in einzelne Kompartimente geteilt sind; am oberen Ende erhebt sich die mächtige Casa Serralves, eine im Inneren verschwenderisch ausgestatte Art-Deco-Villa. Der portugiesische Textilindustrielle und selbsternannte Graf von Vizela hatte sie in den dreißiger Jahren von französischen und deutschen Architekten und Innenarchitekten errichten und ausbauen lassen. 1986 erwarb der Staat das Gelände und die Villa, die seitdem für Sonderausstellungen genutzt wird. 1989 schließlich wurde die Stiftung Serralves gegründet, die die vielfältigen Aktivitäten des Museums koordiniert.

Im Gegensatz zur repräsentativen Industriellenvilla ist das etwa 500 m entfernte neue Museum Serralves kein auf Fernwirkung angelegtes Gebäude. Durch ein schmales Tor betritt man an der höchsten Stelle des Areals einen leicht abschüssigen Gartenraum. Dessen Rasenfläche grenzt an die fensterlose weiße Front eines mittelgroßen Gebäudes, die sich in elegantem Schwung zu einer seitlichen Dachterrasse senkt. Ein überdachter Weg führt zu diesem dem Museum selbst vorgelagerten Trakt, in dem sich ein Auditorium befindet. Auf seiner Rückseite durchquert man einen mit gelbem Sand bedeckten intimen Innenhof, bevor man das Museum betritt. Seine Größe sieht man dem Bau von außen

Museu de Arte Contemporanea, Außenansicht

kaum an. Neben dem Auditorium für 1.700 Personen umfaßt es 4.500 qm für Ausstellungsflächen, Verwaltungsräume, eine wissenschaftliche Bibliothek, einen Museumsshop, eine Cafeteria und eine Tiefgarage (insgesamt 13.000 qm). Die vier Ebenen des Hauses lassen sich am ehesten an seiner Südseite erkennen, an der das abfallende Parkgelände die gesamte Höhe des Baus freigibt.

Gegenüber seinem kleineren Vorläufer, Sizas Museum in Santiago de Compostela, besitzt das Museum von Serralves die klarere und einfachere Struktur. Die Gesamtanlage weist eine leicht modifizierte U-Form auf, deren langgestreckte, nach Süden gerichtete Flügel in einem Treppenturm und einer quer gestellten kleineren Terrasse auslaufen und somit noch den Grundriss einer barocken Gesamtanlage andeuten. Die Außenwirkung des Museums wird durch die Flächigkeit der weißen Wände einerseits, die kubische Anordnung der einzelnen Baukörper andererseits bestimmt. Scheinbar zufällig angeordnete Fenster, Schlitze, Vordächer, Erker und Terrassen verstärken die aufgebrochene Flächenstruktur. Die Durch- und Unterbrechungen sind dekonstruktivistische

Museu de Arte Contemporanea, Blick ins Innere

Einsprengsel und Variationen einer insgesamt noch klassischen Formensprache. Das Zusammenspiel der ineinander verschränkten kubischen Baukörper fügt sich zu einem maßvollen Formenpluralismus, der eine zurückhaltende Form von Expressivität artikuliert.

Der Rundgang durch das Haus läßt eine Folge variabler Raumformen erkennen. Ein Vorraum führt in ein quadratisches, durch ein Oberlicht nur schwach erhelltes Atrium, das einen strengen Ernst ausstrahlt: weiße Wände, cremefarbener Marmor. Hier wird am stärksten der Bezug zum Monumentalismus der benachbarten Art-Deco-Villa spürbar. Siza dazu: »In seiner gebauten Form stellt das neue Museum von Serralves einen Bezug zur Casa de Serralves her, der kühnen, rosafarbenen Villa am oberen Ende des Grundstücks. Geometrische Oberflächen, einfache, klare Begrenzungen, eine Konzentration auf die Durchgänge und Fenster, all diese skulpturalen Qualitäten der Casa de Serralves, die an das Spiel der Formen im Licht erinnern, ganz besonders aber das doppelstöckige Atrium, haben Eingang gefunden in den neuen Bau.«

Das Atrium des Museums wird rückwärtig vom separierten Museumsshop begrenzt, geht rechterhand in einen versetzten, durch ein großes Fenster erhellten Garderobenraum über, während links eine steile Treppe ins Untergeschoss führt. Geradeaus erreicht man über einen von zwei Marmortreppen flankierten Durchgang den ersten zentralen Ausstellungssaal. Es ist ein Oberlichtsaal mit zwei Ebenen, dessen optischer Höhepunkt - sofern nicht von Ausstellungsexponaten verstellt - ein mittig angeordnetes quadratisches Fenster ist. Jeder der elf Ausstellungsräume besitzt einen individuellen Charakter, ohne dass sich das Gebäude in Kleinteiligkeit verliert. Die Räume unterscheiden sich nicht nur durch Größe und Grundriss, sondern auch durch unterschiedliche Fußbodenniveaus; manche haben Rampen, andere eine abgestufte Deckenstruktur. Ihre Besonderheit ist die Art und Weise, wie sie sich der äußeren Landschaft und dem Licht öffnen. Siza hat vielfach den Park in die Räume einbezogen. Der schönste ist ein auf zwei Seiten durch deckenhohe Fenster erhellter Raum, der sich zum Innenhof öffnet. »Die unbebauten Flächen des U-förmigen Komplexes«, so Siza, »sind keine Neben- oder Restflächen, sondern vielmehr lesbare Räume, die als Negation des Bauvolumens mit hoher Präsenz und mit Qualitäten ausgestattet sind, die zwischen dem Konstruierten und dem Organischen vermitteln.«

Vergleichbar vielen anderen neuen Kunstmuseen zielt das Sammlungs- und Ausstellungskonzept auf einen Brückenschlag zwischen der aktuellen regionalen sowie landesspezifischen Kunstszene und internationalen Strömungen. Die große Sommerausstellung anlässlich der Eröffnung des Hauses, *Circa 1968*, die 300 Werke portugiesischer und internationaler Künstler zeigte, kombinierte den eigenen Sammlungsbestand mit Leihgaben aus Europa und den USA und legte mit jenem Datum gleichzeitig den Ausgangspunkt der eigenen Sammlungstätigkeit fest. Es handelt sich vor allem um Installations- und Konzeptkunst. Museumsdirektor Vincente Todoli nennt als Schwerpunkte seiner Sammlung die Fotografen Bernd und Hilla Becher, ferner Christian Boltanski, John Baldessari, Mario Merz, Sigmar Polke, Richard Serra, Antono Muntadas, unter den portugiesischen Künstlern vor allem Alvaro Lapa, Helena Almeida, Alberto Carneiro, Angelo de Sousa und Loudes Castro. Die Werke sind jedoch nur zeitweise in den Räumen zu sehen; einen großen Teil des Jahres sind sie als Leihgaben auf Reisen.

Die Vielfalt des Programms zeigt sich auch im Ausstellungskalender. Im Jahr 2000 zum Beispiel wurde das Haus mit Ausstellungen zu Raymond Hains, Andy Warhol und Rene Bartholo, Berlin Art in the 20th Century, African Art bespielt. Neben der Erweiterung der Sammlung konzentrieren sich die Aktivitäten der Stiftung, an der sich auch rund 100 Privatunternehmen beteiligt haben, auf den Aufbau eines multidisziplinären Kulturzentrums, das sich die Vermittlung von Gegenwartskunst zum Ziel gesetzt hat.

Museu de Arte Contemporânea
Fundaçao de Serralves
Rua Don João Castro 210
P-4150-417 Porto
Telefon
+351/22 61 56 500
Internet
www.serralves.pt

Öffnungszeiten:
di-so 10 - 19 Uhr

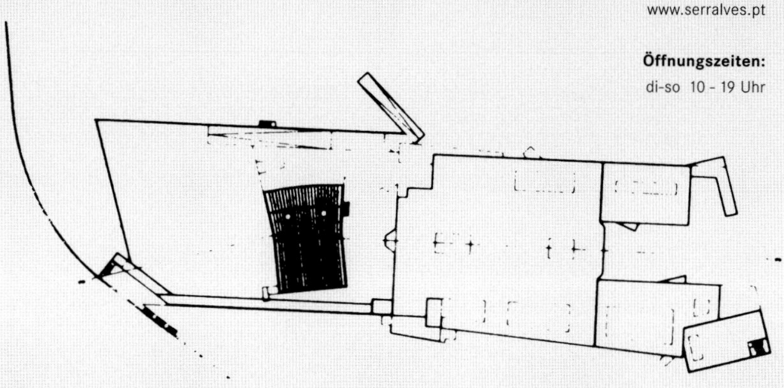

ALVARO SIZA

Trutzburg und Kloster. Centro Galego de Arte Contemporanea, Eingangsfront

Museum als Kloster

CENTRO GALEGO DE ARTE CONTEMPORANEA, SANTIAGO DE COMPOSTELA

Seit dem frühen Mittelalter gehört Santiago de Compostela, die ehemalige Hautstadt Galiziens, zu den bedeutendsten Wallfahrtsorten Europas. Die verschiedenen Routen des berühmten Jakobsweges führten die Pilger in die gebirgige Stadt im Nordwesten Spaniens, die noch heute Anziehungspunkt von Besucherscharen ist, und das nicht nur in den Heiligen Jahren. Santiago ist darüber hinaus eine der wichtigsten Universitätsstädte Spaniens und bietet mit seinen von Laubengängen, Kirchen und Klöstern geprägten barocken Altstadt, die sich um die prachtvolle Kathedrale drängt, ein selten konzentriertes Bild noch gelebter Tradition. Der altehrwürdige Charakter der Stadt, ihre religiöse Bedeutung und die akademische Atmosphäre mögen ein Grund dafür gewesen sein, für die Bauaufgabe, ein neues Museum in das Stadtbild zu integrieren, den Portugiesen Alvaro Siza zu wählen. Dessen Architektur nämlich zeichnet sich durch eine Einfachheit und Schlichtheit aus, die von einem geradezu meditativen Geist zeugt. Die meisten von Sizas Bauten, der sich neben der Architektur noch dem Design und dem Zeichnen verschrieben hat, findet man in Portugal, doch hat er bereits in den siebziger Jahren in Berlin-Kreuzberg Wohnhäuser und Anfang der neunziger Jahre auf dem Vitra-Firmengelände in Weil am Rhein einen Industriebau errichtet, der ihn bekannt gemacht hat. 1992 erhielt er den Pritzker Architekturpreis. Neben dem Japaner Tadao Ando kann man ihn zu den Vertretern der neuen Einfachheit rechnen, die in Abkehr von postmoderner Formenvielfalt auf ornamentale Verzierungen verzichtet und auf den Purismus glatter Wände und einfacher Formen setzt.

Das Centro Galego de Arte Contemporanea wurde 1994 nach siebenjähriger Bauzeit eröffnet. Neben einer ebenfalls neu errichteten Kongresshalle stellt es einen weiteren modernen architektonischen Akzent der Stadt dar. Während jene aber ein Stück außerhalb der Altstadt angesiedelt wurde, hat die zeitgenössische Kunst am Eingang ins Zentrum Santiagos Platz gefunden. Der Standort des Museums ist glücklich gewählt: ein Hanggelände unterhalb des Klosters San Domingos de Boroval, in dem sich heute ein ethnographisches Museum (Museo Pobo Galego) befindet. Es liegt an einer Stelle, an der früher ein Stadttor zum französischen Pilgerweg hinausführte. Gemeinsam mit den Mauern der Klosteranlage umschließt das Museum einen leicht ansteigenden Platz mit einer zentralen Treppenanlage, die zum Eingang der Klosterkirche führt.

Sizas Bau selbst besteht im Wesentlichen nur aus zwei in spitzem Winkel zueinander stehenden länglichen Blöcken, die im Innere durch einen schmalen Korridor- bzw. Treppenbereich miteinander verbunden sind. Aus der Vogelperspektive ähnelt die Form in ihrem Umriss einem halb geöffneten Fächer. Während ein Block mit Verwaltungsräumen, Bibliothek und Auditorium zur Stadt weist und die Straße Cara Monina überblickt, grenzt die gegenüberliegende Seite mit den Ausstellungsräumen an den ehemaligen Klosterfriedhof, den Siza in den Gesamtkomplex einbezogen und zu einem dem Charakter des Ortes entsprechenden stillen Gartenraum umgestalten ließ. Er besteht aus einer freien Rasenfläche, die von einem schmalen, vom Museum in spitzem Winkel abzweigenden Weg in gerader Linie durchzogen wird, der an einem Solitärbaum endet. Auf der Stadtseite wird das Gebäude durch helles, in verschiedenen Ockertönen gehaltenes Mauerwerk aus Granit abgeschirmt. Nur in ihrem unteren Teil öffnet sich die Front zur Straße für eine zum Eingang führende Rampe und ein schmales, zurückliegendes Fensterband. Selbst der Eingang wird durch die geschlossene Wand eines Vorbaus verdeckt.

So verschlossen sich das Museumsgebäude nach außen gibt, so sehr überraschen im Inneren die in freundliche Helligkeit getauchten, großzügig geschnittenen Raumkonstellationen. Am prägnantesten erscheint der ausgedehnte, den Hauptteil des Erdgeschosses einnehmende U-förmige Eingangsbereich. Er umfasst einen bis auf einige Bücherregale leeren Vorraum, einen länglichen Raumteil mit Garderobe und eine Cafeteria mit schönem Blick auf den Garten. Polierter heller Marmor, weiße Wände und Decken, einfache Holzregale, eine einzelne Säule, eine lange, am Ende in einem Schwung auslaufende, wiederum marmorne Garderobentheke - die Halle, die bei Bedarf auch als Ausstellungsraum genutzt wird, verbreitet die strenge Kühle spärlich möblierter Säle, wie sie für mediterrane Breiten typisch ist - ein puristisches Ambiente im Stil eines eleganten Minimalismus.

Ein schmaler Durchgang führt von diesem Atrium in die Ausstellungsräume. 1.800 qm Ausstellungsfläche verteilen sich auf Untergeschoss, Erdgeschoss und die erste Etage. Hinzu kommt eine als Skulpturengarten genutzte Dachterrasse, die einen sehenswerten Blick über die Altstadt Santiagos bietet. Die Ausstellungsräume sind einfache rechteckige Kunstlichträume in klassischer Enfiladenform; ein Raum öffnet sich über zwei Ebenen. Ein Markenzeichen Sizas sind die gleichsam auf dem Kopf stehenden Deckentische, die die Lichtquellen verbergen und das Licht über die Räume und den hellen Parkettfußboden diffundieren. Das Centro Galego de Arte Contemporanea will nicht allein Museum oder Ausstellungshalle sein. Ein Auditorium, in dem 400 Personen Platz finden, dient als städtisches Veranstaltungszentrum. Im ersten Stock befindet sich ferner die öffentliche Bibliothek, deren langen hölzernen Lesetisch, der den Raum beherrscht, Siza selbst entworfen hat. Der Raum ist von klösterlicher Bescheidenheit.

Marmorne Eleganz. Ausstellungshalle, Centro Galego de Arte Contemporanea

Das neue Museum bzw. Kunstzentrum Santiago de Compostelas konzentriert sein Programm auf die Vermittlung der Kunst etwa der letzten 30 Jahre. Wie in Porto oder Barcelona wird die Verknüpfung der regionalen künstlerischen Entwicklungen mit internationalen Strömungen angestrebt. Mehrere städtische und staatliche Institutionen sind am Aufbau der hauseigenen Sammlung beteiligt. Das Ausstellungsprogramm des Museums deckt ein weites Feld zeitgenössischer Kunst ab: so war in den

Kühle Strenge. Centro Galego de Arte Contemporanea, Atrium

vergangenen Jahren etwa die australischen Photo- und Videokünstlerin Tracey Moffat zu Gast, ebenso wie der Deutsche Jürgen Partenheimer und der amerikanische Photograph James Casebere. Eine weitere Ausstellung widmete sich dem Thema »Berlin Art in the 20th Century«, während die von der Sammlung Thyssen-Bornemisza in Madrid zusammengestellte Schau »Vom Impressionismus zum Fauvismus« erwartungsgemäß den größten Zulauf fand.

Centro Galego de Arte Contemporánea
Rua Valle Inclán, s/n
E-15704 Santiago de Compostela
Telefon
+ 34/9 81 54 66 29
Internet
www.cgac.org

Öffnungszeiten:
di / mi / fr / sa / so
10 - 19 Uhr
do 10 - 22 Uhr

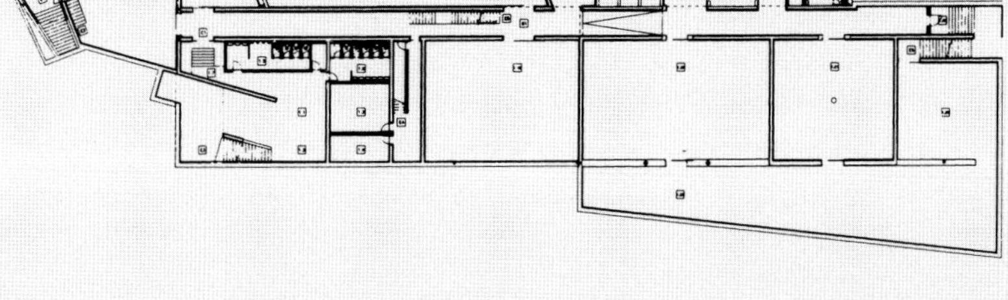

ADRIEN FAINSILBER

Musée d'art moderne et contemporain, Außenansicht

Museumskathedrale an der Ill

STRASSBURG, MUSÉE D'ART MODERNE ET CONTEMPORAIN

Straßburg hat seinem Rang als Europametropole in den letzten Jahren gleich durch mehrere architektonisch auffallende und aufwändige Bauten sichtbaren Ausdruck verliehen. Nach den neuen Gebäuden des Europaparlaments und des europäischem Gerichtshofs besitzt die Stadt seit Ende 1998 auch ein opulentes Haus für die Kunst. Seinen Platz hat das Museum am äußeren Ufer der Ill gefunden, die die Altstadt von Straßburg ringförmig umschließt, in einem von Zweckbauten bestimmten modernen Stadtviertel. Dieser Umgebung allerdings kehrt das Museum den Rücken zu; es orientiert sich zur Altstadt und ist insbesondere auf das Münster optisch bezogen. Seine Schauseite mit dem weithin sichtbaren, den Bau überragenden gläsernen Wandelgang präsentiert es dem pittoresken mittelalterlichen Touristenviertel La petite France auf der anderen Seite des Flüsschens. Dem Besucher, der von der Altstadt kommend die Ill über ein altes Wehr überquert, gibt sich der gewaltige Komplex schon von Ferne als Tempel der Kunst zu erkennen: Am Dachfirst eines der vorgelagerten Kuben signalisiert eine schwarze Pferdeskulptur von Mimmo Paladino den künstlerischen Inhalt des Gebäudes.

Mit über 70 Millionen Mark war der Bau des Pariser Architekten Adrien Fainsilber nach dem Centre Pompidou der teuerste Museumsbau in Frankreich. Allein die Dimensionen - alles eingeschlossen 13.000 qm Fläche, davon etwa 4.700 qm Ausstellungsfläche - dokumentieren den Anspruch auf Bedeutung. Ähnlich dem Straßburger Münster beherrscht der Museumsbau als Gegenentwurf zur Kleinteiligkeit der Altstadtbauten seine Umgebung. Die Grundstruktur ist einfach: Zwei Längshälften, ein zur Straßenseite konvex gerundeter Gebäudeteil und eine zur Flussseite in verschiedene kubische Blöcke gegliederte Partie stehen sich gegenüber. Sie werden durch die 104 m lange, 25 m hohe Wandelhalle verbunden. Das Äußere des Baus zeigt zwei auch farblich voneinander unterschiedene Hälften: Mit weißen, durch schwarze Fugen voneinander abgegrenzten Eternitplatten, gibt sich der Bau einerseits sachlich, auf der Flussseite nimmt der rosafarbene Granit andererseits auf das lokalen Kolorit, nicht zuletzt auf das Münsters, Bezug. Ein einheitlicher architektonischer Stil fällt nicht ohne weiteres ins Auge. Fainsilber kombiniert mit den unterschiedlichen Materialien stilistisch Heterogenes: einen nüchternen Zweckbau, der die klassische Moderne anklingen läßt, einen spektakulären transparenten Technizismus sowie ein insgesamt dominierendes postmodernes Gesicht. In der Gesamtheit artikuliert sich ein gewisser monumentaler Gestus.

Der Eingang liegt an der nördlichen Schmalseite. Hat man nach Durchquerung eines mauerumschlossenen Vorhofs das architektonische Prunkstück des Baus, die lichtdurchflutete große Halle, betreten und hier den Querriegel der Empfangs- und Zutrittscounter passiert, glaubt man sich in den Ankunfts- oder Abflughallen eines modernen Airports - einer modernen Kathedrale. Sie wird von einem schrägen Glasdach

Gläserne Kunstkathedrale.
Hauptschiff, Musée d'art moderne et contemporain

bedeckt und deutet in ihren Grundformen die Hälfte eines Mittelschiffes an. Statt Seitenschiffe und Kapellen reihen sich die Ausstellungsräume aneinander. Mit der Halle sind sie optisch durch halbhoch platzierte, quadratische Fensteröffnungen verbunden, so dass schon beim Flanieren durch die Wandelhalle Einblicke in die Sammlung gewährt werden. Auf der Altstadtseite beschränkt sich die Ausstellungsfläche, mit einer Ausnahme, auf eine ebenerdige Sequenz. Darüber liegen hier, durch eine Rolltreppe von der Halle aus zugänglich, ein Restaurant und eine große Panoramaterrasse mit Blick auf die Altstadt.

Das Musée d' Art Moderne et Contemporain vereint Werke vom späten 19. Jahrhundert bis zur Gegenwart, die zuvor in Depots und an unterschiedlichen Standorten innerhalb der Stadt verstreut waren. Durch eine Reihe von Leihgaben aus Pariser Museen ergänzt, spiegelt die Sammlung in ihrem Kern zudem die wechselvolle Geschichte der Stadt zwischen den nationalen Antipoden wider. An ihrem Aufbau nach der Zerstörung des vorherigen Musée des Beaux-Arts im Kriegsjahr 1870 war der Berliner Museumsdirektor Wilhelm Bode beteiligt. Auf ihn gehen die nach längeren Jahren heute wieder zugänglichen graphischen Sammlungen zurück, die mit umfangreichen Konvoluten von Max Klinger, Käthe Kollwitz, Hans Böcklin und Hans Thoma zu den wichtigsten in

Ausstellungsraum Musée d'art moderne et contemporain (Hans Arp, Sophie Taeuber-Arp)

Frankreich gehören. Am Beginn der chronologisch sortierten Ausstellung im Erdgeschoss steht der Historienmaler Gustave Doré, der in Straßburg beiheimatet war. Ihm ist ein vom übrigen Ausstellungsbereich separierter zweigeschossiger Raum gewidmet, den das Monumentalgemälde *Christus verlässt den Gerichtssaal* (9 x 6 m) beherrscht. Ein Fenster entsprechenden Zuschnitts bietet in diesem Saal Ausblick auf das Münster und unterstreicht den lokalen Hintergrund ein weiteres Mal. In einer Abfolge von überwiegend kleineren Kabinetten, in denen Kunstlicht, vorwiegend in Form zahlreicher Punktstrahler dominiert, folgen Werke der Stilrichtungen Impressionismus, Fauvismus und Symbolismus bis zu Kubismus und Dadaismus. Sie sind meist durch einige wenige Einzelwerke vertreten. Den Abschluss der Raumsequenz bilden mehrere Räume, die Hans Arp, dem zweiten berühmten Künstlersohn der Stadt und seiner Ehefrau Sophie Taeuber-Arp gewidmet sind. In drei Sälen sind Gemälde Skulpturen, Kunstgewerbliches, Zeichnungen und Hinterglasbilder, unter anderem für das 1926 gemeinsam mit dem de Stijl- Künstler Theo van Doesburg eingerichtete Straßburger Restaurant L'Aubette zu sehen.

Getrennt durch die Wandelhalle sind im gegenüberliegenden Trakt des Hauses im Zwischengeschoss die graphische Sammlung und eine 4.000 Arbeiten umfassende Fotosammlung untergebracht, während im ersten Stock vier weiße Oberlichtsäle die Nachkriegskunst seit 1945 beherbergen. Hier liegt der derzeitige Sammlungsschwerpunkt des Hauses.

Eine große Rolle spielen in Straßburg die zusätzlichen Aktivitäten des Museums. 500 qm umfasst allein die mit mehr als 100.000 Bänden größte kunstwissenschaftliche Bibliothek außerhalb von Paris. Ein Auditorium für Vorträge und Filmvorführungen und verschiedene Räume für museumspädagogische Veranstaltungen nehmen einen Großteil des Erdgeschosses ein. Das Restaurant und die weiträumige Panoramaterrasse ebenso wie die Wandelhalle kommen als Bereiche, die nicht dem Ausstellungsbereich gewidmet sind, hinzu. Insofern offenbart schon die räumliche Aufteilung der verschiedenen Funktionen des Museums den Wandel des Kunstmuseums von einem Ort kontemplativer Kunstbetrachtung zu einem vielfältig genutzten kulturellen Zentrum.

Musée d'Art moderne et contemporain de Strasbourg
1, place Hans Jean Arp
F-67000 Strasbourg
Telefon
+ 33 (0) 3 88 23 31 31

Öffnungszeiten:
di-so 11 – 19 Uhr
do 12 – 22 Uhr
Geschlossen
1. Jan., Karfr., 1. Mai,
1. u. 11. Nov., 25. Dez.

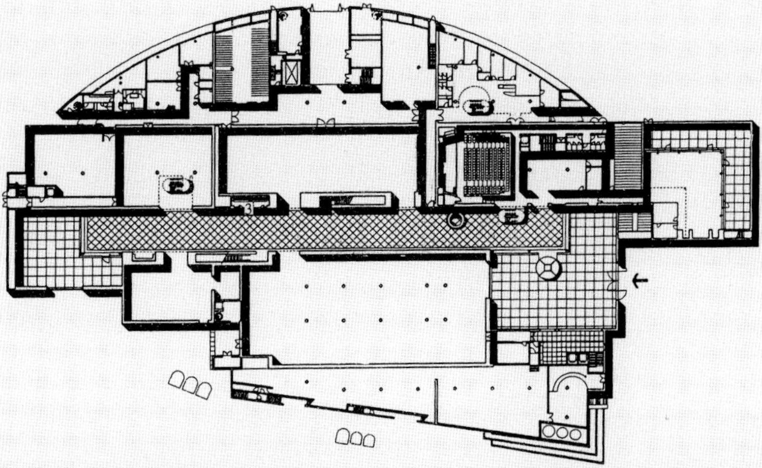

FRANK O. GEHRY

Museum als Skulptur
Vitra Design Museum

Museumsskulptur auf Obstbaumwiesen

VITRA DESIGN MUSEUM, WEIL AM RHEIN

Design als Kunstform genießt etwa seit den frühen achtziger Jahren eine zunehmende öffentliche Resonanz. Die Zahl der Ausstellungen und Publikationen nahm seitdem rapide zu. Design-Möbel erreichten nicht nur bei einem breiten Publikum Kultstatus, sondern weckten das Interesse auch von Sammlern. 1989 wurde als eines der ersten Museen dieses Typs das Vitra Design Museum in Weil am Rhein eröffnet, mit dem das deutsch-schweizerische Möbelunternehmen großes Aufsehen erregte und jährlich eine wachsende Zahl Besucher anlockt. Grund dafür war nicht zuletzt auch die spektakuläre Architektur des Museumsneubaus im Rahmen der baulichen Erneuerung des Unternehmenssitzes. Unternehmensleiter Rolf Fehlbaum ließ sich von der Creme der internationalen Architektenszene in der südbadischen Idylle die Firmengebäude nahezu vollständig neu errichten. Nach einem Brand war zunächst mit neuen Fabrikhallen des Briten Nicholas Grimshaw begonnen worden. Von Antonio Citterio wurde kurz darauf ein erster Ausstellungsraum gestaltet. Tadao Ando errichtete mitten auf der grünen Wiese, ein stilles, zur Hälfte in die Erde versenktes Konferenzgebäude.

Alvaro Siza, bis dahin nur Eingeweihten bekannt, errichtete eine weitere Produktionshalle, und die »Königin des Dekonstruktivismus«, Zaha Hadid, realisierte hier 1994 mit ihrem messerscharfen, spitzwinkligen, später als Ausstellungshalle genutzten Feuerwehrhaus ihr erstes Projekt. Der Architekturpark aus markanten Solitären sollte eine Corporate Identity der Vielfalt zum Ausdruck bringen, jeder der Architekten einen seinem persönlichen Charakter und seinem Stil entsprechenden Gebäudetypus schaffen. So steht Zaha Hadids Feuerwehrhaus nach den Vorstellungen des Unternehmens für »Tempo und Dynamik«, Grimshaws Halle für »Technik und Präzision«, Tadao Andos Konferenzbau für »Strenge und Klarheit«, während das Museum des seit den sechziger Jahren in Los Angeles lebenden Gehry jene »beschwingte Offenheit« an den Tag legt, die einem modernen Design-Museum gut zu Gesicht steht.

Ursprünglich war nur eine interne Firmensammlung geplant, die die eigene Stühleproduktion dokumentieren sollte. Später entwickelte sich die Idee eines öffentlichen Museums und, so Fehlbaum, »die Absicht, eine wachsende Sammlung von Möbeln der Moderne der Öffentlichkeit zugänglich zu machen«. Man konnte den aus Toronto stammenden Kalifornier Gehry hierfür gewinnen, der selbst bereits Möbel, vor allem Lampen und Stühle, entworfen hatte. Ein Sessel namens »Little Beaver« wurde von Vitra herausgebracht. Mit seinem Design-Museum hat Gehry seine gestalterischen Ideen vielleicht nur auf einer anderen Stufe, in größerem Maßstab, fortgesetzt. Heute kann sich der Bauherr rühmen, für Gehrys Entree in Europa mitverantwortlich zu sein. Das Vitra Design Museum ist Gehrys erster Bau in Europa, dessen skulptural-dekonstruktivistischer Stil die Architekturlandschaft in Deutschland seitdem bereichert und dazu beigetragen hat, Architektur stärker zu einem öffentlichen Thema zu machen.

Kurvenkunst. Vitra Design Museum, Detail, Außenfront

Das Museum steht am Eingang des Firmengeländes am Rande einer Obstbaumwiese. Neben ihm ragt wie ein Signalmast die Skulptur *Balancing Tools* des Popkünstler Claes Oldenburg in den Himmel, der Gehry mit dem Unternehmen bekannt gemacht hatte. Die Nachbarschaft mit der Skulptur Oldenburgs verstärkt noch den skulpturalen Charakter des Baus, der mit seinen weißen kubischen Formen, seinen Schrägen und Brücken, Ausbuchtungen und sich in gekurvten Windungen erhebenden Aufbauten wie der massivere Partner seines filigraneren Gegenübers erscheint. Der kompakte und mit 650 qm Gesamtfläche verhältnismäßig kleine Bau gleicht einer konzentrierten Miniaturversion verschiedener Großprojekte Gehrys, so dem Californian Aerospace Museum in Los Angeles (1984), dem Center for the Visual Arts in Toledo, Ohio (1990), dem Frederick R. Weisman Art Museum in Minneapolis (1993), zuletzt dem Guggenheim Museum in Bilbao (1997). Die überschaubare Größe des Weiler Museums hat ihren eigenen Reiz. In schwungvoll aufeinandergetürmten Kuben erhebt sich der Bau an seinem höchsten Punkt auf etwa 13 m. Die Form des Grundrisses zeigt ein an einer Seite abgerundetes Quadrat. Die Titanzinkdächer, die Gehry immer wieder verwendet, deuten das industrielle Ambiente der Lokalität an, während die fensterlosen weißen Putzfassaden an die so genannte Weiße Moderne erinnern. Das in seiner strahlenden Form beeindruckende Weiß ist gleichwohl problematisch, da es der Sonne bedarf, um das Gebäude zur vollen Wirkung zu bringen. Zudem machen Witterungseinflüsse bereits Säuberungsmaßnahmen notwendig.

Der Eingang führt in einen kleinen, von der Kasse eingenommenen Vorraum. Daran schließt sich seitlich ein schmaler, als Cafeteria und Museumsshop genutzter Raum an. Der Ausstellungsbereich gliedert sich auf zwei Ebenen in vier Hauptausstellungsräume unterschiedlicher Größe, die ineinander übergehen, aber bei Bedarf auch voneinander abtrennbar sind: zwei rechtwinklige Räume mit hoher Decke, ein seitlich separierter, gelegentlich als Vorführraum genutzter Raum sowie eine größere, durch eine Art Kuppel überwölbte Halle auf der ersten Etage, die sich durch einen zentralen Durchbruch zum Erdgeschoss hin öffnet.

Designinterieur. Ausstellungsebenen, Vitra Design Museum

Zwei schmale geschwungene Treppenaufgänge neben dem Eingang und auf der gegenüberliegenden Seite lassen einen Rundgang durch das Haus zu. Sämtliche Räume sind fensterlos, werden aber durch das von oben einfallende Tageslicht, das durch mehrere raffiniert platzierte, verschieden große Öffnungen fällt, sowie ergänzende Kunstlichtstrahler differenziert beleuchtet. Hierdurch wird ein effektvoll-abwechslungsreiches Hell-Dunkel-Ambiente erzeugt, das die räumliche Vielfalt kontrastreich in Szene setzt und gleichzeitig eine besondere Form von Intimität entstehen lässt. Die Deckenkonstruktionen sind durch die Kombination aus wuchtigen, gekrümmten Balken und quadratischen Durchbrüchen charakterisiert. Trotz des Formenreichtums bleibt das Ausstellungsgeschehen in seinem Eigenleben weitgehend autonom. Man will sich, so Museumsdirektor Alexander von Vegesack »von der Architektur zwar inspirieren lassen, dabei aber der Versuchung widerstehen, sie unmittelbar in die Konzeption einzubeziehen«.

Zwei bis drei Wechselausstellungen finden jährlich im Vitra Design Museum statt. Die Themen beschränken sich nicht nur auf die berühmte Sammlung, die über 2.000 Stühle aller Stile und Epochen umfasst. Industrielles Möbeldesign, Interior Design, Grafik, Architektur mit Seitenblicken auf Stadtplanung und Theorie gehören ebenso dazu. Die Ausstellungen werden in der Regel mit Objekten aus der firmeneigenen Sammlung ergänzend bestückt. Dazu gehören auch Stahlrohrmöbel der zwanziger und dreißiger Jahre, der Nachlass von Charles und Ray Eames aus den fünfziger Jahren, Beispiele der funktionalistischen Moderne bis zu den postmodernen Entwürfen von Robert Venturi oder Gerrit Rietveld. Wer einen umfassenden Blick auf die Stühlesammlung des Hauses werfen will, muss sich in Zaha Hadids Feuerwehrhaus begeben, das eine Auswahl der Stühle der letzten 100 Jahre zeigt. Im Juli 2000 hat das Vitra Design Museum eine Dependance in Berlin eröffnet.

Vitra Design Museum
Charles-Eames-Straße 1
D-79576 Weil am Rhein
Telefon
+ 49 (0) 76 21/7 02 32 00
Internet
www.design-museum.com

Öffnungszeiten:
di-so 11 - 18 Uhr

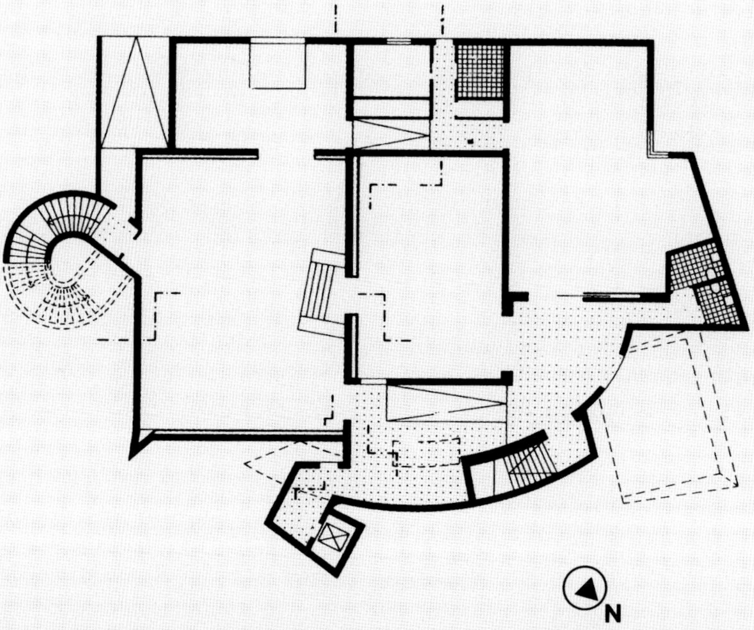

ORTNER & ORTNER

Einzug der Moderne ins alte Wien

MUSEUMSQUARTIER, WIEN

Nach langen Jahren der Diskussion und Planung hat sich die traditionsbewusste, für ihren Charme berühmt-berüchtigte österreichische Kapitale – den Kunstmetropolen der Welt nachfolgend – ein großes, modernes Zentrum der Künste geleistet. Das Museumsquartier, das auf 60.000 qm nicht weniger als 20 verschiedene Kultureinrichtungen vereint, gehört nach eigenen Angaben zu den international größten Kunstarealen. Wien wäre allerdings nicht Wien, wenn man bei allem Aufbruch nicht in spezifischer Manier die neue Institution mit der Tradition zu versöhnen gesucht hätte: So wurde als Ort das ausgedehnte Geviert der ehemaligen kaiserlichen Hofstallungen gewählt, in Nachbarschaft der majestätischen Paläste des Kunst- und des Naturhistorischen Museums. Zuletzt als Messegelände genutzt, bildet dieses barocke, im 19. Jahrhundert ergänzte, Ensemble den nach außen bestimmenden historischen Rahmen.

Freiluftfestsaal
Wiens neues Museumsquartier mit ehemaliger Winterreithalle und Leopold-Museum

Der Zugang erfolgt durch eine Toreinfahrt in der Mitte der langgestreckten, frisch restaurierten Hauptfront von Hofbaumeister Johann Bernhard Fischer von Erlach. Durch sie erreicht man einen locker bebauten und mit Bäumen neu bepflanzten weiträumigen Hof, eine Art Freiluft-Festsaal, der als Bindeglied der restaurierten Altbauten und der neuen Gebäude fungiert. Drei markante Gebäude bestimmen hier die Szenerie: In der Mitte die Gründerzeitfassade der ehemaligen Winterreithalle, an deren Rückseite, dem Blick entzogen, der rötliche Ziegelbau der neuen Kunsthalle angegliedert wurde. Seitlich erheben sich, leicht schräg gestellt, die beiden architektonischen Markenzeichen des Museumsquartiers: links der helle Kubus des neuen Leopold-Museums, rechts der schwarze monolithische Block des Museums für neue Kunst, kurz Mumok genannt. Er wird von einem konkav gekrümmten Dach gekrönt, der aus dem Boden zu wachsen scheint – eine der Gegenwartskunst geweihte Kaaba.

Der historische Rahmen bleibt jedoch das Maß aller Dinge. In ihrer Höhe orientieren sich die Museumsneubauten an der flachen Randbebauung. In der Kritik hieß es prompt, »das bedeutendste Kulturprojekt und Gebäude des Landes soll sich hinter den Kulissen der Historie ducken« (Süddeutschen Zeitung). Die Architekten, die Linzer Brüder Laurids und Manfred Ortner, mussten die ursprünglich geplante Höhe erheblich reduzieren. So reichen die beiden Solitäre nun mit mehreren, auch als Ausstellungsfläche genutzten Ebenen, tief unter die Erde. Im Endeffekt wirken beide Gebäude in ihren Dimensionen verhältnismäßig zurückhaltend. Vielleicht vermag gerade deshalb das Museumsquartier vor allem hinsichtlich der Aufteilung und Verteilung auf drei Gebäude dennoch zu überzeugen. Die beiden Zwillingsbauten stehen in einem klaren Bezug zueinander; der Zugang zu ihnen befindet sich jeweils auf etwa einem Drittel ihrer Höhe, zu dem eine breite Freitreppe führt. Dort sind gegenüberliegend jeweils Terrassencafés eingerichtet worden, von denen man den Hof wie ein Freilichtfoyer überblickt.

Das Leopold-Museum, ein kompakter, nicht ganz quadratischer Kubus (40 x 46 x 24 m) aus hellem, leicht getöntem Muschelkalk, übernimmt von den beiden Zwillingsbauten den vornehmeren Part. Mit unregelmäßig verteilten Fenstern – teils waagrechten Bändern, teils schmalen vertikalen sowie einzelnen, größeren Fenstern – verzichtet die Fassadengestaltung auf die Symmetrie, wie sie zum Beispiel das in mancher Hinsicht vergleichbare Hamburger Museum von O. M. Ungers betont. Stattdessen gewinnt der Bau der Eleganz und erinnert sogar an Villen von Karl Friedrich Schinkel. Ein zentrales, 20 m hohes Atrium strukturiert das Innere und durchmisst, von einem Glasfenster überdacht, den oberen Teil des Museums. Bis auf eine Sitzgruppe vollständig entleert und beherrscht von dem glatten, einheitlich für Wand und Boden auch hier verwendeten Muschelkalk, verdichtet sich in diesem Raum – wie häufig bei den Mueen der Gegenwart – eine sakrale Atmosphäre.

Drei obererdige, durch sparsame Fensterschlitze im Atrium angedeutete Ausstellungsebenen, gruppieren sich um dieses, zwei weitere Ebenen um ein darunter liegendes zweites Atrium. Der Treppenzugang erfolgt seitlich hinter einer der Längsseiten. Die länglichen, angenehm großen Säle (8,40 x 13,20 m und 8,40 x 26,40 m) gruppieren sich um dieses Zentrum. Im ersten Zwischengeschoss liegt das Museumscafé, dessen

Museumsquartier Wien, Wege

Terrasse die Verbindung von Gebäude und Freigelände herstellt. Die Ausstellungsräume selbst sind mit dunklem Eichenparkett ausgelegt und lassen ein Höchtsmaß an Tageslicht zu. Je nach Lage der Ausstellungsebenen erhalten sie natürliches Licht wie im zweiten Obergeschoss, im ersten Geschoss indirektes Oberlicht vermittels einzelner, galerieähnlicher Deckenöffnungen, außerdem Seitenlicht oder auch ausschließlich Kunstlicht wie in den Untergeschossen. Der Bezug zur Umgebung ist durch die sparsame Verteilung der Fenster vorhanden, gelegentlich sogar betont, ohne jedoch die Konzentration auf die Bilder zu beeinträchtigen.

Als dunkler Kontrapunkt zum lichten Leopold-Museum betont das Museum für Gegenwartskunst, vielleicht im Gedanken an die interpretationsbedürftige Kunst der Moderne, den Gestus des Geheimnisses. Der prägnante, schräg gestellte Block schließt sich mit Ausnahme eines einzigen Panoramafensters gegen die Umgebung ab; die Fassaden erheben sich hinter der Abgrenzung einer Brüstung und eines schmalen Grabens. Im Gegensatz zum blockhaften Leopold-Museum unterstreichen

MuseumsQuartier Wien
Museumsplatz 1
A-1070 Wien
Telefon
+(0) 43/1/5 23 58 81 – 2 28
Internet
www.mqw.at

Öffnungszeiten:
MuseumsQuartier-Besucherzentrum
täglich 10 - 19 Uhr
Das gesamte Areal
ist rund um die Uhr geöffnet.
Öffnungszeiten der jeweiligen
Museen erfragen.

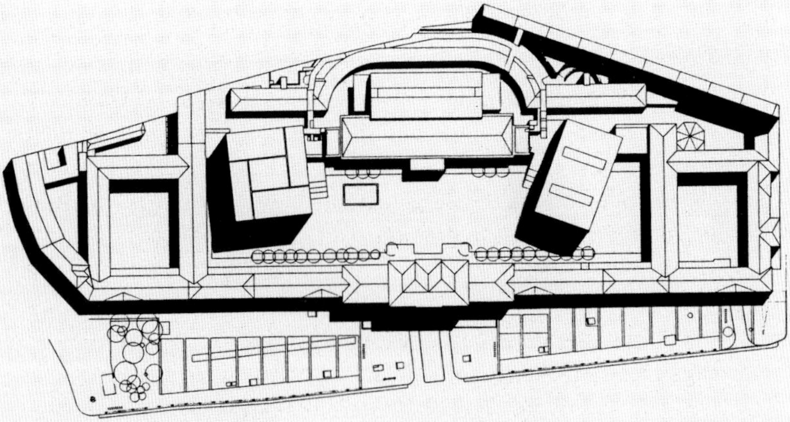

die abgerundeten Kanten und die vertikalen, anthrazitfarbig schattierten Basaltschieferplatten der Fassaden ebenso wie das gekrümmte Dach eine Aufwärtsbewegung. Der Eingang – wie beim Leopold-Museum auf einer Höhe von vier Metern angelegt – überrascht durch seine geringe Höhe. Im Inneren erwartet den Eintretenden die Atmosphäre eines in gedämpftes Licht getauchten Industrie- oder Bergwerkschachtes, der den Bau über seine gesamte Höhe durchschneidet. 40 m hoch ragt diese stahlbekleidete zentrale Achse in die Höhe. Zu ihren Seiten sind auf drei obererdigen, zwei unterhalb des Zutritts gelegenen Ebenen die Ausstellungsräume angeordnet, erschlossen von einem Personen- und einem Lastenaufzug sowie einer gusseisernen Treppe, die die beiden Trakte miteinander verbindet. In seiner Aufteilung ähnelt das Museum einem Speicher. Die Ausstellungssäle – im rechten Trakt fünf ca. 700 qm große, fünf Meter hohe Ausstellungssäle, auf der gegenüber liegenden Seite kabinettartige Räume – kontrastieren der dunklen Mitte in neutraler Helligkeit. Sie sind mit einem hellen Terrazzoboden ausgelegt und mit Kunstlicht beleuchtet, das durch in die Decke eingelassene Glasbänder fällt. Einzig für den großen Saal im Obergeschoss hat man eine Ausnahme gemacht. Er erhält mit dem Panoramafenster und einem in die gewölbte Decke eingeschnittenen verschiebbaren Tageslichtband teilweise Tageslicht.

Der dritte Neubau, die für Wechselausstellungen reservierte Kunsthalle, wurde auf der Rückseite der ehemaligen Reithalle längsseitig an diese angefügt. Es ist ein nüchterner blockartiger Ziegelbau mit Werkstattcharakter, dessen nüchterne und funktionale Ausgestaltung in spannungsvoller Weise mit dem stuckverzierten Ambiente der historischen Reithalle verknüpft wurde. Diese grenzt im Inneren nahtlos an und wird nun als Veranstaltungshalle genutzt. Der seitlich gelegene Eingang wurde beibehalten. Im Obergeschoss der Reithalle wurde eine große, korbbogenüberwölbte Halle eingerichtet, die mit dem Erdgeschoss durch frei stehende Stiegenhauskerne verbunden wurde, während die ehemalige Lipizzaner-Terrasse, auf der einst der Kaiser Platz nahm, zu einem Teil eines weiteren Museumscafés mutierte.

Die Sammlungen des neuen Wiener Museumsquartiers umfassen einen Teil des 19. sowie einen Großteil des 20. Jahrhunderts, doch sind die Schwerpunkte auf wenige Epochen begrenzt, mit einer zusätzlichen regionalen Betonung. Aushängeschild für das Quartier ist die Sammlung des Wiener Augenarztes Rudolf Leopold mit den beiden Protagonisten der Wiener Moderne bzw. des Expressionismus, Gustav Klimt und Egon Schiele. Das Erdgeschoss ist größtenteils Klimt vorbehalten, unter anderem seinem Hauptwerk *Tod und Leben.* Daneben imponieren zahlreiche Jugendstilmöbel und kunstgewerbliche Gegenstände u. a. von Otto Wagner und Adolf Loos. Im zweiten Obergeschoss triumphiert Schiele mit 40 Hauptwerken, von dem wohl an keinem anderen Ort mehr und in vergleichbarer Qualität zu sehen ist. Ergänzt werden diese beiden Höhepunkte des Museums durch Werke von Zeitgenossen wie Albin Egger-Lienz, der österreichischen Malerei des 19. Jahrhunderts und der Zwischenkriegszeit sowie der graphischen Sammlung, in der neben Arbeiten von Käthe Kollwitz, Edward Munch, Max Beckmann und Alfred Kubin vor allem Werke von Schiele zu sehen sind.

Die Sammlung moderner Kunst, die die Ergebnisse von vier Jahrzehnten Sammlungstätigkeit in Wien zusammenführt und als wichtigstes Museum Österreichs für die internationale Moderne gelten kann, präsentiert derzeit auf knapp 5.000 qm Ausstellungsfläche rund 400 Werke. Obgleich überwiegend Arbeiten der letzten dreißig bis vierzig Jahre den Schwerpunkt bilden, schließt man zeitlich an das Leopold-Museum an. Chronologisch beginnt man im Untergeschoss mit einem allerdings flüchtigen Blick auf den deutschen Expressionismus, die frühen Abstrakten und den Wiener Aktionismus der sechziger Jahre (Nitsch, Frohner, Brus, Rayner). Es folgen die wichtigsten internationalen Hauptströmungen: amerikanische Farbfeldmalerei, Minimal Art, Concept Art, Installationskunst der achtziger Jahre (Ilya Kabakov, Joseph Beuys), Fluxus, Fotografien von Gilbert & George. An prominenten Namen herrscht kein Mangel. Der vertikale Gang endet im großen Saal des obersten Geschosses mit der Pop Art, an prominenter Stelle einer Großinstallation von Claes Oldenbourg (*Mouse Museum*) sowie wichtigen Arbeiten von Andy Warhol, Robert Rauschenberg und Jasper Johns.

Parkhausmuseum. Kunstmuseum Winterthur, Erweiterungsbau

Garagenmuseum und Landhausgalerie

KUNSTMUSEUM WINTERTHUR, ERWEITERUNGSBAU VILLA RÖMERHOLZ, WINTERTHUR

Winterthur, eine halbe Autostunde von Zürich entfernt, birgt nicht nur eine ansehnliche Sammlung von Kunstschätzen, die Museen der Stadt lassen auch gut den Wandel erkennen, den die Institution Museum baulich wie konzeptionell in den vergangenen 100 Jahren vollzogen hat. Das Städtische Kunstmuseum zum Beispiel, das im Stadtzentrum in der Nachbarschaft von Behördenbauten mit klassizistischen Fassaden als deren ebenbürtiger Partner steht, ist ein repräsentativer Palast vom Anfang des 20. Jahrhunderts. 1913 bis 1915 wurde der Bau errichtet, der neben dem Museum auch die städtische Bibliothek enthält. Die Ein-

Winterthur, Blick in den modernen Ausstellungsraum

gangsfront mit Giebel und viersäuliger Tempelfassade unterstreicht das im 19. Jahrhundert beheimatete bildungsbürgerliche Verständnis eines Parthenons der Künste und Wissenschaften. 1995 wurde eine Erweiterung für Wechselausstellungen und die Präsentation des modernen und zeitgenössischen Teils seiner Bestände notwendig. In unmittelbarer Nachbarschaft zum Altbau haben Annette Gigon und Mike Guyer einen separaten, mit dem Hauptgebäude durch einen Gang verbundenen Galerietrakt errichtet, der dem feierlichen Gestus des alten Museums die Sachlichkeit eines industriellen Ambientes gegenüberstellt: ein gläserner Kubus mit scharf gezacktem Sheddach, der sich über einer ebenerdigen Parkgarage erhebt. Ursprünglich nur als Provisorium geplant, entspricht der Anbau hinsichtlich Material und Konstruktionsweise den auf Kostenreduzierung zielenden Vorgaben. Die äußere Umhüllung besteht aus vertikal aneinandergereihten Glasprofilen, die ihrerseits eine Isolierungsschicht aus einzelnen perforierten Kassetten bedecken. In abgestuft hellblau-grünlicher Färbung umschließt diese gläserne Hülle

Verbindungsgang. Kunstmuseum Winterthur

die darunter liegende Parkgarage und passt sich farblich zugleich der Parkanlage an, die den Bau auf drei Seiten umgibt. Der Zugang erfolgt über den Altbau, von dessen erstem Stock ein geschlossener Treppenkorridor in den Erweiterungsbau führt.

Zwei Welten begegnen sich hier - nur durch ein paar Stufen getrennt. Auf die großbürgerliche Atmosphäre des Altbaus, dessen zumeist achteckige, mit hellgrauem Stoff bespannte Jugendstilsäle unter gedämpft einfallendem Oberlicht gepflegte Eleganz ausstrahlen, antwortet die schlichte, fast spröde Klarheit weißer, rechteckiger Räume. Während die Ausstellungsräume des Altbaus mit holzvertäfelten Türrahmen, Holzsimsen und Verkleidungen die Bilder mit ihren alten Rahmen in die Raumdekoration einbinden, macht die Architektur des Neubaus nur mit wenigen Details auf sich aufmerksam. Drei annähernd wandhohe, stark gerahmte Fenster, die an den beiden Schmalseiten Ausblicks- und Orientierungsmöglichkeiten bieten, sind die einzigen architektonischen Blickfänge. Ansonsten bildet der graue Bodenbelag aus gegossenem Hartbeton, ungefugte weiße Wände und das gleichmäßig einfallende nördliche Shedlicht den kühl-sachlichen Hintergrund für die Kunst. Neun Räume unterschiedlicher Größe, insgesamt 1.000 qm, sind in drei Reihen angeordnet und erlauben mit mehreren Quer- und Längsverbindungen eine variable Begehung. An zwei Punkten gibt es einen Zugang zu einem zentralen Raum.

Der Anbau wird entweder mit Wechselausstellungen oder den eigenen Beständen bespielt. Den Auftakt der permanenten Sammlung macht ein kubistischer Picasso, die frühe abstrakte Kunst des 20. Jahrhunderts, vor allem de Stijl mit Werken von Mondrian und van Doesburg, drei Mobiles von Calder, schließlich Arbeiten von Hans und Sophie Taeuber-Arp. Ein Raum mit den farbigen Abstraktionen des Amerikaners Ellsworth Kelly (*Black and Blue Curve*) schließt sich an. Höhepunkt und Kunst- und Raumerlebnis ist der zentrale fensterlose Raum - gewissermaßen das innere Heiligtum der Galerie - der ausschließlich Gerhard Richter gewidmet ist, von dem zehn Hauptwerke gezeigt werden.

Sammlung Oskar Reinhart/Villa Römerholz, Winterthur

Gepflegtes Interieur. Großer Ausstellungsraum, Villa Römerholz

Einen ganz eigenständigen Museumstypus stellt die Villa Römerholz des Kunstsammlers Oskar Reinhart dar. Die 1915 im französischen Landhausstil errichtete Villa, die am Stadtrand Winterthurs inmitten eines bewaldeten Berghangs liegt, enthält eine der bedeutendsten europäischen Privatsammlungen des 20. Jahrhunderts. Rund 200 Werke europäischer Malerei von der Gotik bis zur Schwelle des 20. Jahrhunderts sind in den ehemaligen Wohnräumen und einem seitlich versetzt errichteten Galerieanbau ausgestellt. Reinhart vermachte seine Villa dem Land, das sie nach seinem Tod 1970 zum Museum umbaute und öffentlich zugänglich machte.

Neues Kabinett, Villa Römerholz

Ende der neunziger Jahre wurden neuerlich erhebliche Umbauten und Renovierungsarbeiten durchgeführt. Zum einen wollte man die Umbauten aus den siebziger Jahren zu Gunsten des ursprünglichen Zustands wieder rückgängig machen, zum anderen waren alle Räumlichkeiten heutigen licht- und sicherheitstechnischen Anforderungen anzupassen sowie zusätzliche Kabinette für lichtempfindliche Graphiken zu errichten. Mehrere räumliche Situationen, wie der Eingangsbereich, wurden den größeren Besucherzahlen entsprechend erweitert. Der längliche Vorraum hinter dem Vestibül - eine Art Skulpturengalerie - erhielt durch die Freilegung früherer Fenster nun eine adäquate Beleuchtung; ein früheres Esszimmer wurde wiederhergestellt.

Anbau Villa Römerholz

Im Galerietrakt, der mit dem Wohnhaus durch einen entlang der Terrasse verlaufenden Gang verbunden ist, wurden im Laternenbereich geätzte Gläser hinzugefügt. Hauptstück dort ist ein großer rechteckiger Saal, der einen neuen, im Sinne des ursprünglichen Zustands rekonstruierten Nussbaum-/Eichenholz-Fussboden erhielt. Die wichtigste bauliche Veränderung bestand in der Neuerrichtung dreier kleinerer Räume, einem Gemäldesaal sowie zwei kleineren Graphikkabinetten. Alle Räume erhalten Tageslicht, das, um Schattenbildung zu vermeiden, durch eine in der Mitte der Decke installierte, lampenartig in den Raum ragende Oberlichtverglasung gestreut wird. Außen wurden die neuen Anbauten mit einer plattenförmigen Fassade aus Beton versehen, der Jurakalkstein und Kupfer enthält. Die Mischung verleiht dem Beton eine dunkelgrüne Färbung, die durch das ablaufende Dachwasser noch verstärkt wird - ein laut Museum »alchemistischer Versuch, den Neubau dem genius loci anzupassen«.

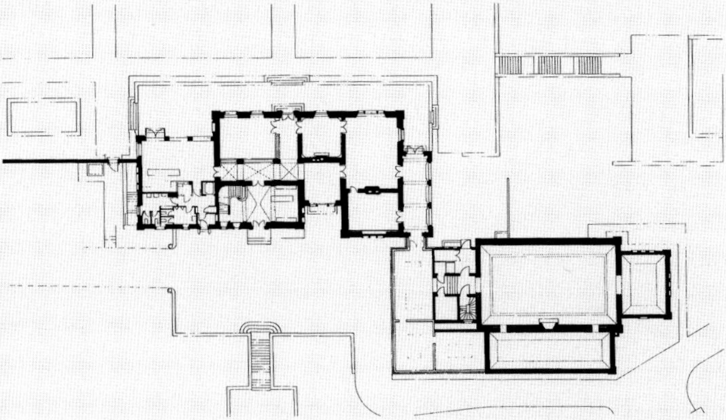

Sammlung Oskar Reinhart „Am Römerholz“
Haldenstraße 95
CH-9400 Winterthur
Telefon
+ 41 (0) 52/2 69 27 40
Internet
www.kultur-schweiz.admin/ch.sor

Öffnungszeiten:
di-so 10 - 17 Uhr

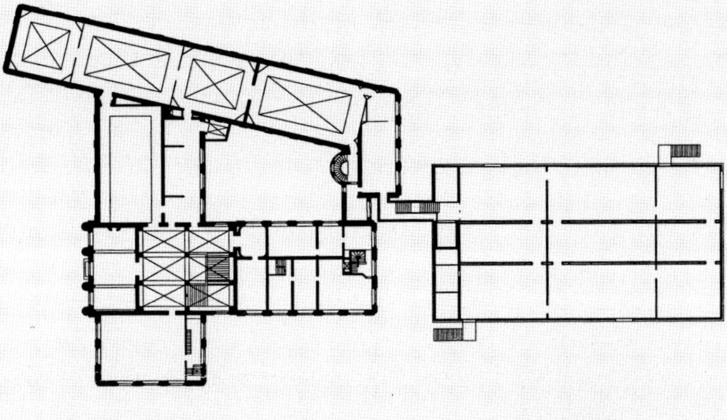

Kunstmuseum Winterthur
Museumstraße 52
CH-8402 Winterthur
Telefon
+ 41 (0) 52/2 67 51 62
Internet
www.kmw.ch

Öffnungszeiten:
mi-so 10 - 17 Uhr
di 10 - 20 Uhr

Das Ergebnis der mit 6,5 Millionen Franken sehr aufwändigen Erneuerung ist ein infolge der stilistischen Vielfalt der Räume etwas unruhig wirkendes, zwischen Wohnung und Galerie changierendes »Privatmuseum«, das mit offenen Kaminen, Spiegeln und historischem Mobiliar eine nostalgische Atmosphäre ausstrahlt. Die Hängung der vielen Spitzenwerke folgt eigenwilligen Vorgaben. Dem eleganten Speisezimmer mit mehreren Daumiers und Goyas folgt ein Kabinett im Louis XVI-Stil, in dem vier der wenigen von Jean Chardin vorhandenen Gemälde hängen. Ihm schließt sich ein durch eine Holzdecke und schwere Möbel verdunkeltes Kaminzimmer im Renaissancestil an, das mit Werken von Lucas Cranach, Hans Holbein, Pieter Brueghel und einer Zeichnung von Matthias Grünewald Höhepunkte der Kunst alter Meister versammelt. Dem 19. Jahrhundert ist der Galerieanbau gewidmet, in dessen Hauptsaal der zweifarbige Parkettboden zu dominant wirkt. Gleichwohl, die Liebhaber der französischen Klassizisten und Romantiker, Ingres, Corot, Courbet, vor allem der Impressionisten Manet, Monet und Renoir kommen auf ihre Kosten.

Einer Kunstauffassung folgend, die vor allem die malerischen Qualitäten, das Kolorit und die Auseinandersetzung mit Licht und Farbe bevorzugt und daher im Impressionismus den Höhepunkt der Kunstentwicklung sieht, interpretiert die Sammlung Reinhart die alten Meister als deren Vorläufer und Wegbereiter. Die Sammlung ist jedoch nur ansatzweise chronologisch geordnet, sie sucht vor allem inhaltliche Verwandtschaften und Analogien. Goya und El Greco als Ahnherren der Moderne treten zusammen mit Rubens, Tot Sint Jans und Picasso auf. Das 20. Jahrhundert bleibt hingegen fast vollständig ausgeklammert. In ihrer ästhetischen Ausrichtung präsentiert die Sammlung Reinhart Werke, die einen schwelgerischen Sensualismus zum Ausdruck bringen; in der Qualität der Auswahl dürfte sie nur schwer zu übertreffen sein. In diesem Sinn wird die Auflage des Stifters zu verstehen sein, die Sammlung unverändert in dieser Zusammensetzung, ohne Ausleihen und Zukäufe zu erhalten.

SCHWEGER & PARTNER

Gläserne Loggia. Kunstmuseum Wolfsburg

Kunst der Technik

KUNSTMUSEUM, WOLFSBURG

Bereits am Bahnhof von Wolfsburg gibt sich die Aufbruchstimmung des neuen Jahrtausends zu erkennen. Entlang den Ufern des Mittellandkanals, der sich zwischen den Bahngleisen und dem Werksgelände der Volkswagen AG erstreckt, entfaltet sich eine Silhouette gläsern-metallischer Bauten, die in starkem Kontrast zu den riesigen düsteren Ziegelschornsteinen des Fabrikgebäudes stehen. Es sind die neuen Verkaufs-, Ausstellungs- und Erlebnishallen des Unternehmens, das zeitgleich mit der Eröffnung der Expo 2000 in Hannover eine hochmoderne „Autostadt“ mit angeschlossenem Luxushotel eröffnet hat. In dem flachen, noch von den mächtigen alten Fabrikgebäuden dominierten Gelände verbreitet der kühle Technizismus eine merkwürdig gebrochene futuristische Atmosphäre. Sie läßt den tiefgreifenden Wandel ahnen, dem sich die in den dreißiger Jahren erbaute Industriestadt Wolfsburg seit einigen Jahren unterzieht.

Blick in die große Halle mit Arbeiten von Andy Warhol

themselves

Ein firmeneigener Minivan holt den Besucher am Bahnhof ab; man durchquert die Innenstadt mit ihren in den fünfziger und sechziger Jahren errichteten Flachbauten und erreicht bald einen weitläufigen Platz. Hier, am südlichen Eingang zur Innenstadt, sind die wichtigsten öffentlichen Institutionen versammelt, untergebracht in einem erstaunlichen Ensemble architektonischer Solitäre: Das Stadttheater, 1973 nach Plänen von Hans Scharoun erbaut, das in einzelne flache Pavillons unterteilte Kulturzentrum des finnischen Architekten Alvar Aalto (1962) und der gläserne Rathaus-Anbau von Peter Schweger. 1994 wurde schließlich das neue Kunstmuseum eröffnet, das in seinen Dimensionen den weiten mit Steinen belegten Platz dominiert.

Die Finanzierung des 70 Millionen Mark teuren Museums erfolgte über die noch von dem früheren VW-Vorstandsvorsitzenden Carl Hahn initiierte Kunststiftung Volkswagen. Jetzt als Holler-Stiftung umbenannt, trägt sie den Unterhalt und die laufenden Kosten des Museums. Grundstück sowie Anschubfinanzierung wurden von der Stadt eingebracht. Mit weiteren Spenden von Seiten des Konzerns knüpfte man an eine Tradition der Kulturförderung an, die bereits in den fünfziger und sechziger Jahren mit bedeutenden Ausstellungen der erste Generaldirektor Heinrich Nordhoff begonnen hatte. Dank seiner opulenten finanziellen Ausstattung hat sich das Museum inzwischen mit seinen Beständen einen über die Region hinaus reichenden Namen gemacht.

Der Bau ist sehr übersichtlich gegliedert. Er besteht aus einem ausgedehnten, teilweise transparenten Würfel, der von einem weit vorkragenden, von schmalen Säulen getragenen pyramidal strukturierten Flachdach überspannt wird. Die nördliche, zur Innenstadt weisende Fassade gliedert eine auf halber Höhe verlaufende, zickzackörmig in den Platz hineinragende breite Terrasse. Entlang der westlichen Fassade führt in engen Wendungen ein Laufsteg zu einem Restaurant, das in spitzem Winkel aus der Fassade ausbricht. Dazwischen, an der Nordwestecke, befindet sich neben einer Rolltreppe als Zugang zur Tiefgarage das halbrunde, gläserne Eingangsfoyer. Die geschlossene Südseite ist mit gewellten Aluminiumplatten verkleidet. Markantestes Merkmal und zugleich Symbolträger des Museums ist das weit gespannte Dach, das den Loggia-Charakter des Baus unterstreicht und offensichtlich den Platz in das Museum einbeziehen soll. Das Wolfsburger Museum nähert sich in seiner baulichen Struktur faktisch dem Vorbild einer Stadthalle.

Der größte Teil des Inneren wird von einer großen zentralen Halle eingenommen, um die sich auf zwei Ebenen, im Erdgeschoss und auf halber Höhe, einzelne kleinere Ausstellungsräume und Kabinette reihen. Eine der vier Randzonen, in der sich die öffentlichen Funktionen des Museums konzentrieren, ist als »transparente Adaptionszone« konzipiert, die das Innere nach außen »visualisiert« (Schweger & Partner). Hier empfängt den Besucher zunächst ein rotundenförmiges Atrium mit Verteilerfunktion, das sich im Erdgeschoss im Garderobenbereich und im Museumsshop fortsetzt. Eine Treppe führt über ein schmales Zwischenstockwerk, das als Lesebereich genutzt wird, zum Restaurant, eine zweite gegenüberliegende Treppe zu dem großzügigen Foyer, das sich, durch eine Glaswand abgetrennt, innerhalb der Halle in einer Empore fortsetzt.

Zentrum und wesentlicher Bestandteil des Gebäudes ist die nur durch fünf schmale Säulen durchbrochene 40 x 40 m große und 16 m hohe Halle, die Assoziationen an eine Flugzeughalle hervorruft. Den oberen Rand der östlichen Seite bildet ein Fensterband, vor dem in mehreren Bahnen große fahrbare Wartungsbrücken hängen. In kühlem Grau sind sämtliche Stahlkonstruktionselemente gehalten, die dem Raum seine deutlich technizistische Ausstrahlung verleihen. Aufmerksamkeit zieht an erster Stelle eine feinmaschige, durch ein quadratisches Lamellenraster strukturierte Dachkonstruktion auf sich. In sie ist ein kompliziertes Beleuchtungssystem integriert, das sowohl reines Kunstlicht als auch ein Tageslicht-Ergänzungsbeleuchtungs-System vorsieht. Unter der Dachhaut aus doppelscheibigem Glas und der Hauptträgerebene befinden sich nach oben gerichtete Leuchten, deren Licht durch gewölbte Sekundär-Reflektoren gebrochen und nach unten gelenkt wird und durch die Lamellen eine so genannte Ausblendrasterung erfährt. Zusätzlich sind zwischen den Lamellen Doppelfokusleuchten mit Halogenstrahlern angebracht. Dank eines verstellbaren Trennwandsystems ist die Halle flexibel bespielbar. Für jede Ausstellung kann eine vollständig neue Anordnung der Wände gefunden werden. Die umlaufenden Kabinette, Black-box-Räume, Zenit- sowie Seitenlichträume bieten sämtliche Möglichkeiten der Lichtführung. Die sachliche, ohne jede Verspieltheit und formale Schnörkel auskommenden Museumsarchitektur ist nicht mehr weit entfernt von Industriebauten. Sie entspricht damit dem nüchternen Charakter einer Stadt, deren Geschichte und heutiges Gesicht von dem technischen Modernismus ihres ökonomisch bedeutendsten Akteurs geprägt wurde.

Blick in die große Halle mit Videoarbeiten

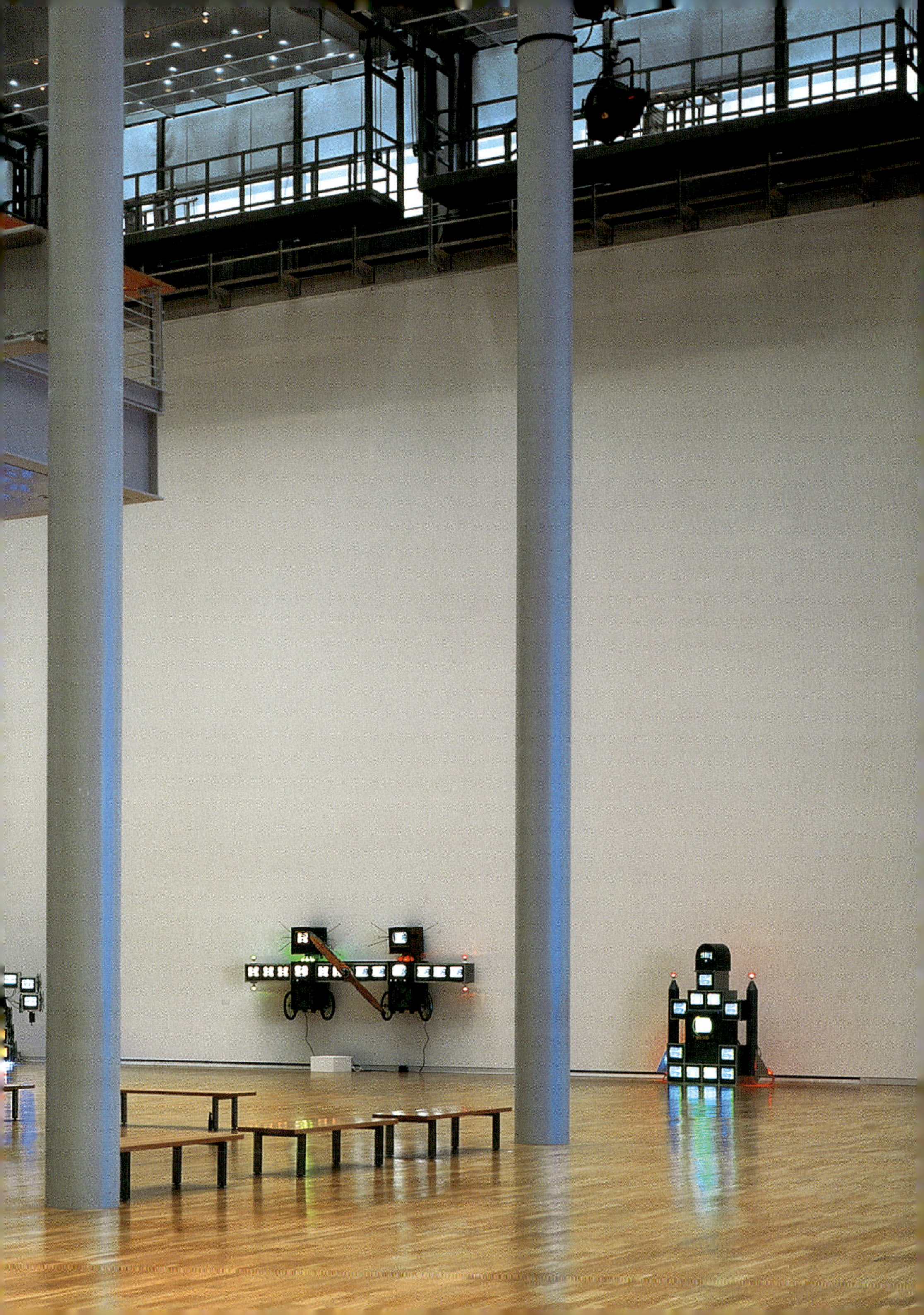

Das Ausstellungs- und Sammlungskonzept des Hauses ist im Wesentlichen auf Gegenwartskunst ab 1968 konzentriert. Die Eröffnungsausstellung, »Le rythme de la vie«, war mit Fernand Léger jedoch noch einem Klassiker der Moderne gewidmet, der als Maler der Maschinen und technoiden Körper für die autoindustrielle Umgebung des Hauses eine thematisch passende Eröffnung darstellte. Seitdem setzt man mit der Konzentration vor allem auf Installationen, Videokunst und Fotografie auf aktuelle Entwicklungen. Dafür stehen exemplarisch die Namen von Mario Merz, Christian Boltanski, Andreas Gursky, von dem das Museum schon früh wichtige Arbeiten erwerben konnte, und Bruce Naumann. Mehr als 250 Werke oder Werkgruppen wurden in der kurzen Sammlungsgeschichte seit 1994 erworben. Sie sind vollständig nur selten zu sehen, zuletzt in einer Ausstellung anlässlich des fünfjährigen Bestehens. Einzig dem Deutschen Anselm Kiefer und dem Italiener Mario Merz sind dauerhaft zwei Räume mit wichtigen Werken gewidmet.

Monographische Ausstellungen zu Gilbert & George, Nam June Paik ebenso wie eine so genannte „German Open«-Ausstellung verraten die Tendenz zu einer Zeitgenossenschaft akzentuierenden Konzeption. Nach dem Prinzip der Rotation werden Teile der ständigen Sammlung in unterschiedliche Beziehungen zu den Wechselaustellungen gestellt. Wie bei der Mehrzahl der heutigen Museen ist der Dialog zwischen Sammlung und Ausstellung die entscheidende Herausforderung. Ausstellungsthemen der letzten Jahre waren unter anderem die italienische Metamorphose“, eine synoptische Präsentation von Kunst, Design und Mode aus zwei Jahrzehnten, ferner Ausstellungen von James Welling, Peter Hujar, Paul Graham, Nobusyoshi Araki und Doug Aitkin. »Der Mensch«, so Direktor Gijs van Tuyl, »im Beziehungsfeld von Vergangenheit und Zukunft, von Individualität uns Massengesellschaft bildet das weitgesteckte Generalthema«. Das Wolfsburger Kunstmuseum hat nicht zuletzt dank seiner finanziellen Ausstattung beachtlichen Erfolg: Pro Jahr kommen rund 100.000 Besucher.

Kunstmuseum Wolfsburg
Porschestraße 53
D-38440 Wolfsburg
Telefon
+ 49 (0) 53 61/2 66 90
Internet
www.kunstmuseum-wolfsburg.de

Öffnungszeiten:
mi-so 11 – 18 Uhr
di 11 – 20 Uhr

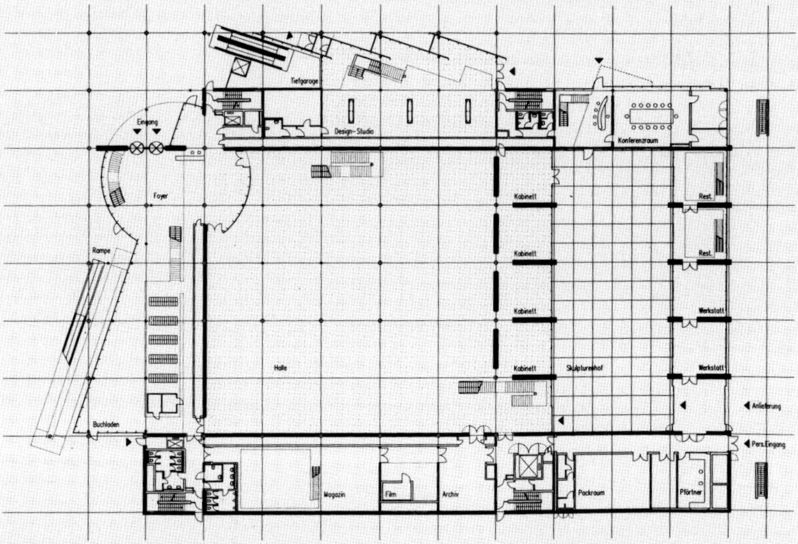

MUSEEN IM ÜBERBLICK

Museum Liner
Unterrainstrasse 5
CH-9050 Appenzell
Telefon
+41 (0) 717 88 18 00
Internet
www.museumliner.ch
Öffnungszeiten:
di - fr 14 - 17 Uhr
sa / so und an
Feiertagen 11 - 17 Uhr

Museu d'Art Contemporani de Barcelona (MACBA)
Plaça dels Àngels, 1
E-08001 Barcelona
Telefon
+34/9 34 12 08 10
Internet
www.macba.es
Öffnungszeiten:
mo / mi / fr / sa 10.30 - 20 Uhr
do 10.30 - 21 Uhr
so 11 - 19 Uhr

Fondation Beyeler
Baselstraße 101
CH-4125 Riehen/Basel
Telefon
+41 (0) 61/6 45 97 13
Internet
www.beyeler.com
Öffnungszeiten:
mo-so 10 - 18 Uhr
mi 10 - 20 Uhr

Museum Jean Tinguely, Basel
Paul-Sacher Anlage 1
CH-4002 Basel
Telefon
+41 61/6 81 93 20
internet
www.tinguely.ch
Öffnungszeiten:
mi-so 11 - 19 Uhr
24., 25., 31. Dezember
und 1. Januar geschlossen

Gemäldegalerie Staatliche Museen zu Berlin
Kulturforum, Berlin Tiergarten
Matthäikirchplatz
D-10785 Berlin
Telefon
+49 (0) 30/2 66 21 00
internet
www.smb.spk-berlin.de
Öffnungszeiten:
di-fr 10 - 18 Uhr
(do 10 - 20 Uhr)
sa / so 11 - 18 Uhr

Hamburger Bahnhof Museum für Gegenwartskunst Berlin
Invalidenstraße 50-51
D-10557 Berlin
Telefon
+49 (0) 30/3 97 83 40
Internet
www.smb.spk-berlin.de
Öffnungszeiten:
di-fr 10 - 18 Uhr
do 10 - 22 Uhr
sa / so 10 - 18 Uhr

Buchheim-Museum Museum der Phantasie / Sammlung Buchheim
Am Hirschgarten 1
D-82347 Bernried
Telefon
+49 (0) 81 58/99 70 60
internet
www.buchheimmuseum.de
Öffnungszeiten:
April - Oktober
mo-fr 10 - 18 Uhr
sa / so 10 - 20 Uhr
November - März
di-fr 10 - 17 Uhr
sa / so 10 - 18 Uhr

Guggenheim Museum Bilbao
Abandoibarra Et. 2
E-48001 Bilbao
Telefon
+34/9 44 35 90 00
Internet
www.guggenheim-bilbao.es
Öffnungszeiten:
di-so 10 - 20 Uhr
Juli - August
mo-so 9 - 21 Uhr

Kunst- und Ausstellungshalle der Bundesrepublik Deutschland
Museumsmeile
Friedrich-Ebert-Allee 4
D-53113 Bonn
Telefon
+49 (0) 2 28/9 17 12 00
Internet
www.kah-bonn.de
Öffnungszeiten:
di / mi 10 - 21 Uhr
sa / so 10 - 19 Uhr

Kunstmuseum Bonn
Museumsmeile
Friedrich-Ebert-Allee 4
D-53113 Bonn
Telefon
+49 (0) 2 28/77 62 60
Internet
www.bonn.de/kunstmuseum
Öffnungszeiten:
di-so 10 - 18 Uhr
mi 10 - 21 Uhr

Kunsthaus Bregenz
Karl-Titzian-Platz
A-6900 Bregenz
Telefon
+43/55 74 48 59 40
Internet
www.kunsthaus-bregenz.at
Öffnungszeiten:
di-so 10 - 18 Uhr
do 1 - 21 Uhr

Kirchner Museum Davos
Ernst-Ludwig-Kirchner-Platz
CH-7270 Davos Platz
Telefon
+41 (0) 81/4 13 22 02
Internet
www.kirchnermuseum.ch
Öffnungszeiten:
di-so 14 - 18 Uhr
Weihnachten bis Ostern
und vom 15. Juli bis zum
30. September 10 - 18 Uhr

Stiftung Museum Kunst Palast
Ehrenhof 4 - 5
D-40479 Düsseldorf
Telefon
+49 (0) 2 11/8 99 62 50
Internet
www.museum-kunst-palast.de
Öffnungszeiten:
di-so 12 - 20 Uhr

Museum für Moderne Kunst Frankfurt am Main
Domstraße 10
D-60311 Frankfurt/M.
Telefon
+49 (0) 69/21 23 04 47
Internet
www.mmk-frankfurt.de
Öffnungszeiten:
di-so 10 - 17 Uhr

Musée de Grenoble
5, Place de Lavalette
F-38000 Grenoble
Telefon
+33 (4) 76 63 44 44
Internet
www. ville-grenoble.fr/musee-de-grenoble
Öffnungszeiten:
so-mo 11 - 19 Uhr
di geschlossen
mi 11 - 22 Uhr

Groninger Museum
Museumeiland 1
Postfach 90
NL-9700 ME Groningen
Telefon
+31 (0) 50/3 66 65 55
Internet
www.groninger-museum.nl

Öffnungszeiten:
di-so 10 - 17 Uhr
Vom 18. Oktober
bis zum 27. Dezember:
do 10 - 21 Uhr

Hamburger Kunsthalle und Galerie der Gegenwart
Glockengießerwall
D-20095 Hamburg
Telefon
+ 49 (0) 40/4 28 54 26 12
Internet
www.hamburger-kunsthalle.de
Öffnungszeiten:
di-so 10 - 18 Uhr
do 10 - 21 Uhr

Wallraf-Richartz-Museum
D-50667 Köln
Telefon
+ 49 (0) 2 21/22 12 76 94
Internet
www.museenkoeln.de
Öffnungszeiten:
mi-fr 10 - 18 Uhr
di 10 - 20 Uhr
sa / so 11 - 18 Uhr

Tate Gallery of Modern Art
Bankside Power Station
25, Sumner Street
GB-London SE 1
Telefon
+ 44 (20) 78 87 80 00
Internet
www.tate.org.uk/modern
Öffnungszeiten:
so-di 10 - 18 Uhr
fr / sa 10 - 20 Uhr

Musée d'art contemporain de Lyon
81, Cité Internationale -
Quai Charles de Gaulle
F-69001 Lyon
Telefon
+ 33 (0) 4 72 69 17 17
Internet
www.moca.fr
Öffnungszeiten:
mi-so 12 - 19 Uhr

Bonnefantenmuseum
Avenue Céramique 250, 1735
NL, 6201 BS Maastricht
Telefon
+ 31 43 3 29 01 90
internet
www.bonnefanten.nl
Öffnungszeiten:
di-so 11 - 17 Uhr und Feiertage,
die auf einen Montag fallen

Pinakothek der Moderne
Kunst. Architektur. Design
Barer Straße 40
D-80799 München
Telefon
+ 49 (0) 89/2 38 05 - 159
Internet
www.pinakothek-der-moderne.de
Öffnungszeiten:
Stehen noch nicht fest: Eröffnung
September 2002

Neues Museum – Staatliches Museum für Kunst und Design
Luitpoldstraße 5
D-90402 Nürnberg
Telefon
+ 49 (0) 9 11/24 02 00
Internet
www.nmn.de
Öffnungszeiten:
di-fr 10 - 20 Uhr
sa / so 10 - 18 Uhr

Felix Nussbaum-Haus
Lotter Straße 2
D-49078 Osnabrück
Telefon
+ 49 (0) 5 41/3 23 22 07
Internet
www.felix.nussbaum.de
Öffnungszeiten:
di - fr 11 - 18 Uhr
sa/so 10 - 18 Uhr

Museu de Arte Contemporânea Fundaçao de Serralves
Rua Don João Castro 210
P-4150-417 Porto
Telefon
+ 351/22 61 56 500
Internet
www.serralves.pt
Öffnungszeiten:
di-so 10 - 19 Uhr

Centro Galego de Arte Contemporánea
Rua Valle Inclán, s/n
E-15704 Santiago de Compostela
Telefon
+ 34/9 81 54 66 29
Internet
www.cgac.org
Öffnungszeiten:
di / mi / fr / sa / so
10 - 19 Uhr
do 10 - 22 Uhr

Musée d'art moderne et contemporain de Strasbourg
1, place Hans Jean Arp
F-67000 Strasbourg
Telefon
+ 33 (0) 3 88 23 31 31

Öffnungszeiten:
di-so 11 - 19 Uhr
do 12 - 22 Uhr
Geschlossen
1. Januar, Karfreitag, 1. Mai,
1. u. 11. November, 25. Dezember

Vitra Design Museum
Charles-Eames-Straße 1
D-79576 Weil am Rhein
Telefon
+ 49 (0) 76 21/7 02 32 00
Internet
www.design-museum.com
Öffnungszeiten:
di - so 11 - 18 Uhr

MuseumsQuartier Wien
Museumsplatz 1
A-1070 Wien
Telefon
+(0) 43/1/5 23 58 81 - 2 28
Internet
www.mqw.at
Öffnungszeiten:
MuseumsQuartier-Besucherzentrum
Täglich 10 - 19 Uhr
Das gesamte Areal
ist rund um die Uhr geöffnet.
Öffnungszeiten der jeweiligen
Museen anfragen.

Sammlung Oskar Reinhart „Am Römerholz"
Haldenstraße 95
CH-9400 Winterthur
Telefon
+ 41 (0) 52/2 69 27 40
Internet
www.kultur-schweiz.admin/ch.sor
Öffnungszeiten:
di-so 10 - 17 Uhr

Kunstmuseum Winterthur
Museumstraße 52
CH-8402 Winterthur
Telefon
+ 41 (0) 52/2 67 51 62
Internet
www.kmw.ch
Öffnungszeiten:
mi-so 10 - 17 Uhr
di 10 - 20 Uhr

Kunstmuseum Wolfsburg
Porschestraße 53
D-38440 Wolfsburg
Telefon
+ 49 (0) 53 61/2 66 90
Internet
www.kunstmuseum-wolfsburg.de
Öffnungszeiten:
mi-so 11 - 18 Uhr
di 11 - 20 Uhr

ABBILDUNGSNACHWEIS

APPENZELL I H. Helfenstein, Zürich (S. 20, 23, 25)

BASEL I SAMMLUNG BEYELER I Thomas Dix/architekturphoto, Düsseldorf (S. 34/35, 40)

BERLIN I HAMBURGER BAHNHOF I Friedrich Busam/architekturphoto, Düsseldorf (S. 58, 60/61 und Umschlag)

BERLIN I GEMÄLDEGALERIE I Christoph Schmidt (S. 52), Friedrich Busam/architekturphoto, Düsseldorf (S. 49 und Umschlag)

BERLIN I JÜDISCHES MUSEUM I Friedrich Busam/archtekturphoto, Düsseldorf

BERNRIED I Christian Kandzia (S. 66, 67)

BILBAO I Ralph Richter/architekturphoto, Düsseldorf

BONN I KUNSTMUSEUM I Presseamt der Stadt Bonn/Michael Sondermann (S. 66, 67)

BREGENZ I KUB/Bereuter (S. 90/91)

DAVOS I H. Helfenstein, Zürich

DÜSSELDORF I MUSEUM KUNST PALAST I Stefan Müller Fotografie, Berlin

DÜSSELDORF I STÄNDEHAUS I Ralph Richter/architekturphoto

FRANKFURT I Friedrich Busam/architekturphoto, Düsseldorf

GRONINGEN I Ralph Richter/architekturphoto, Düsseldorf (und Umschlag)

HAMBURG I Stefan Müller, Berlin (S. 130), Elke Walford (S. 132, 134/135)

KARLSRUHE, ZKM I ZKM/ONUK (S. 145), Bernhard Kroll (S. 144), Thomas Goldschmidt (S. 139), Volker Naumann, Stuttgart (S. 140/141)

KÖLN I Stefan Müller Fotografie, Berlin

MAASTRICHT I Kim Zwarts (S. 166, 172)

MÜNCHEN I PINAKOTHEK DER MODERNE I Jens Weber

MÜNCHEN I SAMMLUNG GOETZ I Hisao Suzuki

OSNABRÜCK I Ralph Richter/architekturphoto, Düsseldorf (S. 195, 197 und Umschlag)

PARIS I St. Coutourier-arcaid/architekturphoto, Düsseldorf

PORTO I Luís Ferreira Alves (S. 200), Alberto Campos (S. 202, 203)

STRASSBURG I D.M.F. Photo/H. Abbadie (S. 212, 217), E. Rodeghiero (S. 215)

WEIL AM RHEIN I Thomas Dix/architekturphoto, Düsseldorf (S. 225)

WINTERTHUR I KUNSTMUSEUM I H. Helfenstein, Zürich (S. 239, 242, 243)

WINTERTHUR I SAMMLUNG OSKAR REINHART (VILLA RÖMERHOLZ) I Arazebra, Helbling+Kupferschmid (S. 238, 241, 244)

WOLFSBURG I Helge Mundt (S. 248, 249), Hans Werlemann (S. 247)

Die hier nicht eigens nachgewiesenen Fotos wurden freundlicherweise von den Museen selbst zur Verfügung gestellt.

IMPRESSUM

Umschlagvorderseite: Felix Nussbaum-Haus in Osnabrück, Guggenheim Museum in Bilbao, Hamburger Bahnhof in Berlin
Umschlagrückseite: Kunsthaus Bregenz, Groninger Museum

Die Deutsche Bibliothek – CIP-Einheitsaufnahme
Maier-Solgk, Frank:
Die neuen Museen / Maier-Solgk, Frank. - Orig.-Ausg.
Köln : DuMont-Literatur-und-Kunst-Verl., 2002
ISBN 3-8321-5098-6

Originalausgabe

Lektorat | Kirsten Rachowiak
Umschlaggestaltung | Birgit Haermeyer
Gestaltung | botschaft gertrud nolte visuelle kommunikation und gestaltung, düsseldorf
Produktion | Marcus Muraro
Reproduktion | PPP Pre Print Partner GmbH u. Co. KG
Satz, Druck und buchbinderische Verarbeitung | B.o.s.s Druck und Medien GmbH, Kleve

Printed in Germany ISBN 3-8321-5098-6